湛庐 CHEERS

与最聪明的人共同进化

HERE COMES EVERYBODY

CHEERS
湛庐

内向者的社交法则

Taking the Work Out of Networking

[美] 凯伦·维克尔 著
Karen Wickre

郑悦琳 译

浙江教育出版社·杭州

你了解让内向者变"社牛"的技巧吗?

扫码加入书架
领取阅读激励

扫码获取
全部测试题及答案,
了解让内向者
无压力的社交技巧。

- 内向者一定是"社恐",外向者一定是"社牛",这是对的吗?
  (　　)
  A. 对
  B. 错

- 如果你是内向者,为了保持与他人的联系,你可以尝试(　　)
  A. 适当转发对方可能感兴趣的新闻以保持沟通
  B. 严肃正式地对待每一次会面
  C. 频繁上门拜访以保持密切联系
  D. 在平时不与任何人联系,以免打扰对方

- 以下哪个方法有助于内向者在社交平台上无压力地与他人建立沟通?(　　)
  A. 常发表犀利的观点,以增加关注者数量
  B. 反驳与自己不同的观点,表明鲜明立场
  C. 转发别人的内容,探索自己的表达风格
  D. 只浏览别人发的内容,绝不表达自我

扫描左侧二维码查看本书更多测试题

把散点聚拢起来，连点成线，然后和身边人分享这些连起来的线段。具有创造力的人就是这样工作的，他们收集信息、将有关信息组织联系起来，并与他人分享资讯。

——阿曼达·帕尔默（Amanda Palmer），作曲家、音乐家

TAKING
THE WORK
OUT OF
NETWORKING
目 录

引 言　　　轻松无压力地建立优质人际关系 _001
　　　　　　如果你讨厌社交又必须社交 _005
　　　　　　我的"有机"社交法则 _006
　　　　　　顺应天性，无压力社交 _009

第 1 部分　　如何建立连接 _011

第 1 章　　发挥内向者的独特优势 _013
　　　　　　内向 ≠ 社交无能 _015
　　　　　　专属于内向者的社交天赋 _017

第 2 章　　掌握建立有效连接的方法与原则 _023
　　　　　　关注社交质量，而非"广撒网" _026

提高人际关系含金量的准则 _029

第 3 章　养成松散接触的习惯 _037

不要等到需要的时候，才去经营人脉 _040

"礼物需要一直交换才能保有价值" _041

社交也要长期主义 _045

要关心对方，但也要尊重界限 _049

第 4 章　发掘弱连接的价值 _055

帮到你的往往是意想不到的人 _058

人会离开，但人际关系会留下 _061

第 2 部分　内向者如何在线上社交 _067

第 5 章　将个人生活和职场生活融合起来 _069

不要呈现一个完美的"假"人 _073

分享多少由你决定 _077

真实感是社交的新型凭证 _079

第 6 章　让社交媒体为你所用 _083

职场类社交媒体：职业发展的辅助工具 _087

实时社交媒体：收集最新行业资讯 _100

视觉社交媒体：观看和表达的窗口 _107

目 录

熟人社交媒体：联系你认识或可能认识的人 _112

在不同社交媒体获得无尽资源 _114

第 7 章　无压力参与法 _117

你可以从"善意潜水"开始 _120

探索你的社交媒体风格 _123

重视每一次表达 _125

你才是真正的品牌 _128

第 8 章　电子邮件仍是最佳社交软件 _133

当邮件无法解决一些问题时 _136

挖掘电子邮件的社交价值 _137

第 3 部分　内向者如何在线下社交 _153

第 9 章　内向者如何应对线下社交 _155

那些我们无法回避的场景 _157

当出席与否可以选择 _161

名片依旧有价值 _165

第 10 章　内向者如何闲聊 _171

工作中的闲聊是有信息量的 _175

社交场合的闲聊，知晓行业新鲜事 _179

线上闲聊，轻松破冰 _180

第 11 章　内向者如何求职 _183

职位空缺的真相 _185

招聘信息之外的信息 _187

如果你想成为自由职业者 _189

提升声誉才能得到长远发展 _190

第 12 章　用有意义的连接，
**　　　　　铺开一张能接住自己的安全网 _197**

说给所有女性同胞听 _201

如果你刚起步 _202

如果你受年龄困扰 _203

如果你的人脉沉睡已久 _207

如果你处于转型期 _208

后　记　体会人际关系的美妙之处 _213

TAKING THE WORK OUT OF NETWORKING

引 言

轻松无压力地建立优质人际关系

"有机"社交法则
帮助内向者轻松
与他人建立友好关系。

———

TAKING THE WORK
OUT OF NETWORKING

> 人脉构建更应该是一个耕种的过程，而不是狩猎。
> ——伊万·米斯纳（Ivan Misner）
> 国际商业网（Business Network International）创始人

很多人都把人际交往看成一件麻烦事。对他们来说，社交是在他们要找工作、寻求职业建议、提升学历或想获取其他有用信息时才不得不做的一件事。在构思本书的过程中，我告诉了一些人我正在写这本书，几乎每个人都对我说了类似的话："我讨厌社交，我喜欢任何能让我回避社交的东西。"当我在社交媒体上向朋友们询问他们最不喜欢人际交往的哪部分的时候，回复纷至沓来。

"人都变得不像自己了。"

"每个人都太功利，心里都打着自己的算盘，连聊天都很虚伪。"

"我讨厌表面上的往来，比如见过面后就不记得谁是谁了。我和此类联系人之间唯一的共同点是我们都希望利用这段关系为个人谋利。"

我是个内向者。我讨厌当介绍人，也受不了把自己的事情讲个没完，就连要张名片这种事也让我头疼。一旦待办日程中写满了会议拜访和电话沟通这类事项，我就开始焦虑，因为这意味着我又要说很多话、见很多人。

我非常需要自我保护，需要独处，但即便如此，到了 67 岁的时候，我在全世界有了上千位联系人。社交场合我从来不会"巡视全场"①，但无论和什么样的人对话我都不犯怵。我经过几十年的职场历练，经历过很多事，人脉让我每天的生活更丰富。朋友以及朋友的朋友经常来向我征求意见，希望得到我的支持，请我帮他们联系或推荐专业人士。当然，反过来我也会找他们帮忙。

不管你的个性更趋近于"内向—外向"这个光谱的哪一端，现今进行社交联络的必要性前所未有地强烈，原因如下。

- 人们换工作的频率更高。美国劳工统计局的数据显示，婴儿潮一代②中较年轻的那批人在退休前平均要做 12 份不同的工作，而千禧一代的这个数字预计将会更高。
- 跳槽已成为普遍情况。领英的统计数据显示，新一代大学毕业生在其毕业 5 年内就职公司的数量比之前的世代多两倍。
- 越来越多的人成为自由职业者。相关网站调查数据显示，美国 21 岁及以上的人中已有将近 4 100 万名自由职业者，而且这一数字还在增长。

工作变动、从事自由工作的可能性增加等，所有这些原因都让我们更严肃地对待自己的社交和人脉。随着职业生涯的发展，我们还要与不同的人来往，认识的人会越来越多。社交在当代的定义是尽量多地和人见面交谈，获得有助于自己的信息。听起来很有用吧？

---

① 巡视全场即 work the room，指在社交场合中和尽可能多的人搭话、收集名片的行为。——译者注
② 就美国而言，婴儿潮一代指出生于 1946 年至 1964 年的人群，千禧一代指出生于 1981 年至 1995 年的人群。——编者注

如果你讨厌社交又必须社交

但对很多人来说，提起社交，脑海中浮现的是这样的画面——给每个人都塞一张自己的名片，并希望换到他们的名片。还有这些让人感到恐惧的时刻：为了获得一份新工作而不得不和陌生人见面；希望通过与人沟通获得关于新的工作领域或陌生城市的内幕消息；试着在招聘系统中找到与自己的经验相匹配的岗位。这些事情好像都需要我们摆出一本正经的样子，严肃正式地公事公办。还有，即使我们花了不少工夫避免与人交往，但往往在遇到问题的时候又发现自己还是需要迈出去与人互动。事态越是严重，我们就越不知道该怎么办，甚至会感到绝望，比如，被裁员，工作没有前景，无法忍受当前的工作环境，等等。谁能在遇到这类糟糕情况后还能从容自若地应对呢？

当然，会有人觉得自己就是不需要社交，这些人在发现自己"饭碗不保"前都认为自己端着"铁饭碗"。还有一些人离不开目前的工作，只是因为他们无法想象，也不敢想象自己有能力拥有更好的未来，原因可能是顾虑自己签的合同是长约，也可能是担心跳槽后会降职降薪，通勤也会不方便，从而无法做出改变。一位朋友向我描述了一个社交难题："大家一直都说在社交场合不要讨论工作、不要太自我、不要自我标榜、不要投机取巧，也不要利用别人，但是作为职场人，一个人又必须通过各种方法经营自己的形象，获取资源。这真的很矛盾，让人觉得很别扭。"

对内向者来说，他们会加倍厌恶甚至害怕不得不去联系一个陌生人的情况。正如卡尔·荣格（Carl Jung）所描述的那样，性格内向的人通过独处来充电，他们必须有自己的时间才能恢复精力；而性格外向的人则在与人接触的过程中获得能量。大部分人的个性都处在这两极中间的某个水平。以我自己的经验和亲朋好友告诉我的情况来看，偏内向的人更愿意自己待着，不喜欢到人群中去，我们能想象到的最糟糕的场景就是不得不加入别人的对话或是穿过一个人声嘈杂的房间。在重新和人接触之前，我需要一些自由自在的时间放松大脑、恢复精力。你大概也是这样，对吗？

当面对重要的工作变动时，或者仅仅是在意识到自己需要做出改变时，我们对人际交往的负面印象又会变成另外一些魔法般的念头。我们会想象有一些奇妙的际遇发生在自己身上，比如，有人向我们提供了一份完美的工作，简历在一堆应聘者中脱颖而出，或是通过内部关系得到了某个职位。你可能还有一种念头：现在一切都很好，在未来很长一段时间甚至永远都不用再做任何事了，因为社交太吓人了！但就像我说的，这些情形只会发生在魔法世界！

我的"有机"社交法则

事实是，很多人都会在职业和生活的变动中磕磕绊绊。生活不是一条坦途，我们不可能总是心想事成，职业发展轨迹也不会一直持续向上。我想把自己在硅谷的经历作为一个最有代表性的例子讲给你听。我在硅谷度过了漫长的职业生涯，我所经历的很多事情都是在未经规划的情况下发生的。按今天的标准来说，我加入科技行业的时候，进度已经落后了：那是20世纪80年代中期，我在35岁的时候加入了一家个人计算机领域的杂志社，进入了那个在当时生机勃勃的环境。长期以来我都全情投入在写作和编辑工作上，这份热情帮助我成为一名科技记者、一名不确定自己是否适合做公关工作的公关经理，以及一名初创企业和创意机构的编辑和项目经理。换句话说，我的职业发展并不是一条路走到底的。

2000年，硅谷经济严重下行。那年，我加入了一家只有18个人的电子商务初创公司，公司主营个人礼品业务。在经历了动荡不安的4个月后，由于第二轮融资没能跟上，公司只能决定关停。后来我又去了一家创意机构，当时他们已经成立了一段时间，正计划着在旧金山开设一个新办事处。直到后来我才意识到他们这个决定赶上了一个完全错误的时机，因为经济衰退意味着不会有客户。没过多久，公司撤回到洛杉矶，但没把我一同带走。到了那年年末，我发现自己根本没有可以投的职位了，也没看到什么外包工作的机会，根本没有公司招人。之后的15个月我过得很艰苦，没有工作，身上也没钱。我为遭遇了类似困境的朋友建立了一个互助小组，我们每周见面，互相加油打气，分享自己最新了解的工作机会。我联系了很多人，问他们是否需要撰稿服务。其中一个电话打给了一个与我有过两次合作的朋友，她那时刚去一家名叫谷歌的初创公司工作。我问她是否需要人手来写东西，她说公司刚雇了一位营销文案，但她答应之后如果有机会会想着我。

几个月后，她打来电话。他们好像开始忙不过来了，她问我愿不愿意来见见他们团队的人。但她强调无法保证能马上雇用我，必须先让团队觉得我的作品和我这个人都符合要求。当时的我肯定是解了他们的燃眉之急，因为仅仅见了一面他们就同意让我加入了，我迫不及待地答应下来，开始在家办公。又过了几周，他们说希望我能去办公室和团队面对面地协同工作。于是我开始了去谷歌总部工作的日子，每天往返110公里。成为固定的团队成员后，每一次有新任务我都会争取。我希望被视为团队中不可或缺的一部分，因为谷歌就是我想去的地方。我天性并不热衷聚会，但我当时在自己的公寓里为这个我尚未真正加入的团队举办了鸡尾酒会。我的目标是让自己像办公室角落里的懒人沙发一样成为公司中的"熟脸"，让人们都愿意来靠一靠，都相信我是一个真正的"谷歌人"。这个过程花了 15 个月的时间，15 个月的努力把我推到了谷歌高级编辑这个位置上。哦对了，这个职衔是我自己给自己起的。再之后，我在谷歌工作了 8 年，这 8 年非常美好，也改变了我的生活。

我回溯这段经历有两个原因。第一，我当时有能力在遇到问题时找到相关人士建立起有意义的关系。需要注意的是，我和那位朋友的关系是通过松散接触的方式维系的，这种方式我会在后文讨论。第二，既然我一只脚已经踏进了谷歌的大门，那么我工作上的产出就只是一个开始，在组织内部培养出自己的人脉才是更关键的一步，特别是在公司的规模从只有几百名员工迅猛增长到数千名员工后。无论是男性还是女性，无论是技术岗还是职能岗，我对接的同事几乎都比我年轻，这个时候，我只能依靠着自己的软技能，也就是沟通能力、共情力和好奇心，继续前进。

今天的我会把我做到的这两件事归为"有机"社交法则的作用。之所以用"有机"这个词，是因为这是一种本能行为：我在还用不到这些关系的时候就在行动了。我自然而然地运用自己的软技能，随之而来的结果是，我和很多人在轻松相处的同时建立起了友好的关系。朋友们有时跟我说："你简直谁都认识。"这当然不是事实，但我的确很清楚谁是谁。换句话说，我记得住人们的名字和关系；我了解人们取得的成就及他们近期的工作变动。后来我发现这一点对人际交往非常重要，因为这代表着你对世界上的其他人感到好奇，你希望知道谁风头正盛、谁个性有趣，以及通过已经认识的某个人还能联系到谁。

我认为，这种掌握信息的能力是内向者观察能力的关键部分。每当我告诉人们，我认为正是我内向的天性让我从广泛的人际关系中汲取了个人力量的时候，他们总是难以置信。

顺应天性，无压力社交

我认为，内向者身上的一些特质使其社交活动效果更好，这听起来可能颇有些讽刺意味。用例子来解释，比起谈论自己，内向者对他人更感兴趣。当我遇到某个人的时候，我能更自然地说出"你最近有什么新消息"或者"跟我说说你的事吧"。这样说可以让我有时间观察眼前这个人。心理学家可能会解释，因为我给了对方表达的空间，人们会喜欢和我相处。是的，即使我是个内向的人，我也一样想被人喜欢。总之，无论是什么原因，我的话头绝不会从自己的事情开始。

良好的观察力是有效开展社交的另一要素，在这方面内向者也比那些外向的同伴有着更明显的优势。我一直在努力分清眼前的人，思考他们为什么会有某种表现，了解他们的行为模式和生活背景，搞清楚让他们感到愤怒或不快的东西是什么。说不清为什么，我就是能记住这些东西并适时将它们派上用场。

在内向者的法宝中，还有一个相当重要的招式，即对社交媒体和数字通信技术的运用，而这个招式人们运用得还不够。如果能好好运用，内向者可以更自然地与人沟通，更容易地和公司内外的人建立连接，而不用再硬着头皮"巡视全场"。这本书会详细解释内向者如何利用社交媒体给自己创造更多优势，让松散接触这种基本的日常操作可以隔着屏幕实现，在与人保持距离的同时也能进行亲密的交往，让自己更有力量。

本书的核心内涵在于阐述如何培养属于自己的人际关系网，在生活中建立广泛的连接和真实的联结：如何建立有意义的关系，并让这种关系维持下去；如何联系不太熟悉的人，向他们寻求建议和帮助；如何让付出得到相应的回报。你会发现，在实现这些目标后，你会过得更满足、更有安全感，而且依然会忠于自己的本心。

我将尽我所能鼓励你带着好奇和开放的心态建立人际关系，这将帮助你在需求和兴趣不断发展的过程中，无须经常联系也能与更多的人建立有意义的连接。当你能做到这些并不再为社交感到惊慌失措的时候，你就可以发展出属于自己的智囊团了，这是一个可以汇集你可能会错过的想法、机会和经验的人脉网络。

你可能很害羞，习惯自我否定，可能即将搬去另一个城市，或进入新的工作领域，也可能你平时太忙、无暇社交。不管你属于哪种情况，我都希望能帮你从另一个角度思考，看看自己还能用什么方式在职业和个人人脉上有所突破，并让这些有意义的关系保持终生。我还会告诉你如何让这一切不再成为繁重的负担，而是成为你每一天都愿意做，甚至享受其中的事情。如果一切顺利，你的人际关系网将以一种顺应你的本能的、真实的方式建立起来。

让我们开始吧。

TAKING THE WORK OUT OF NETWORKING

第 1 部分

如何建立连接

当出于对未知的恐惧而切断与他人的联系时,我们就失去了作为个体和组织成员的身份;当敞开心扉时,我们就获得了向他人学习,与他们建立连接和合作的新机会。

——杰夫·贾维斯(Jeff Jarvis)
美国记者

TAKING THE WORK OUT OF NETWORKING

第1章

发挥内向者的独特优势

如果能将社交理解为
建立连接的行为，
那么内向者将比外向者
技高一筹。

———

TAKING THE WORK
OUT OF NETWORKING

第1章　发挥内向者的独特优势

> 人生的一大奥秘是要将你自己置于正确的光之下。对有些人来说，"正确的光"意味着百老汇的那顶聚光灯；而对有些人来说，"正确的光"则是办公桌上的那盏台灯。
>
> ——苏珊·凯恩（Susan Cain）
> 作家

如果把社交理解为要"时刻在线"，要和每个人都握一握手，让每个人都为你有至少一瞬间的神魂颠倒，那么你就会认为社交是外向者才擅长的事情，内向者在社交上没有可以发挥的能力。但是，如果将社交理解为一种建立连接的行为，那内向者反而会比外向者技高一筹。作为内向者的你并不需要改变自己，也不需要为了让自己和别人见面时感到放松而给自己编出一个虚假人格。

内向 ≠ 社交无能

让我们重新审视一下内向者的真正内涵。20世纪20年代，瑞士心理学家卡尔·荣格提出了他的心理类型理论，他发现，"每个人或被外部世界（外向型）或被内在世界（内向型）激发"。最近，线上词典"城市词典"（Urban Dictionary）[1]扩展了"内向者"的概念："不是所有内向者都是害羞的，这和一般常见的认知有所不同。有些内向者拥有质量很高的社交生活，也乐于与朋友对话，他们只是需要独处

---
[1] 城市词典是一个解释英语俚语词汇的在线词典。——译者注

的时间，让自己'再次充电'。"

"充电"就是关键所在。正如荣格观察到的那样，外向者通常从人群中获得能量，他们需要参加聚会、集体游戏和音乐会，从一个群体跳转到另一个群体。内向者则需要自己的独处时间，安静地理清一些事情，去思考、去计划、去做梦，这是这类人的一个标志。我总在暗自计算自己还要等几个小时才能从人群中脱身，我坚信我不是唯一一个会这样做的人。不管一个集体活动让我感到多么开心，我总是盼着回家。

内向者的另一个标志是他们拥有自得其乐的能力，而这个特点常常被人误解。小时候我是个内敛多思的小姑娘，很喜欢观察周围的环境，还会偷听大人的谈话。父母时有客人来访，客人的低声密谈会激起我强烈的好奇，让我推测起他们遇到的不言而喻的麻烦。当然，事情并不会被摆在台面上，这让我明白了，人们的经历远比那些客气的谈笑更深刻。在这个过程中，我觉得自己越来越像个人类学家：我以一个局外人的冷静视角研究着某个群体，而自己从不真正加入他们。

这类特质似乎在内向者身上普遍存在，内向者具有局外人的视角，将自己定位为观察者，对他人的故事和处境感到好奇。所有这些特质都概括了我是如何走过人生道路的。某份学术报告有这样的描述："一个在群体中沉默不语的内向者可能有着活跃的内心活动——他接收听到的话语，对内容进行整理，并等待自己发言的时机。"我认为，这种观察评估的能力是我最宝贵的财富之一，对你来说可能同样如此。你也许害羞、谦虚、不喜张扬，容易缺乏安全感，或者深深厌恶刻板的模式化社交。这些都没有关系，我想鼓励你充分利用自己的这种风格，建立起自己独有的社交智囊团。就从现在开始。

专属于内向者的社交天赋

我一直都认为内向者及其他低调的人有能力建立起强大的人际关系网，这得益于这类人拥有的某些特质。

- **善于倾听。**在第一次和某人见面时，我一定想办法让对方先开口，要让对方给出的信息比我给得更多。这听上去有些冷漠，但只有这样才能给我留出空间摸清眼前人的情况，并预估对方是否值得信任。如果感觉不错，我才会敞开一点点心扉。所以，率先发问是关键的一步。当和别人沟通交流时，要判断出在对方身上值得投入多少精力。不要未经思考就发言，要充分运用倾听的技巧。如果输入的信息足够多，在输出时就能判断自己该说什么、不该说什么，也会知道说话的分寸。

- **目光锐利。**虽然把自己置于局外似乎有点不合群，但正因为内向者没有像某些外向型朋友那样占据别人的所有注意力，才给了他人展露真实自我的机会。我从小到大都有观察别人的习惯。不管是在会议室中还是在地铁上，我总想着是否能从对面的人身上观察到什么细节或特点。谁是情绪高涨、胸有成竹的？谁是气愤郁闷的？为什么他们会这样？认识别人后，我总是下意识地记住对方的某些特别之处，比如他们的兴趣、籍贯、个人风格或者毕业院校，所以我在交往中常会用细节打动对方。这个技巧在和其他人建立连接时特别有用，如果能把自己代入对方的角度去思考，对方就会觉得很舒服，彼此的相识也就有了意义。

- **充满好奇。**当你觉得自己是一个局外人时，你会发现他人在用一种与你不同的方式进行社交、选择和生活。小时候我是个非常文静的孩子，因为总感觉自己和周遭格格不入，所以迫切想知道别人是怎么在这个世界上生活的，尤其想知道他们是怎么适应社会的。长大成人带来的一大心理慰藉是，你终于明白了其实很少有人认为自己完全适应社会。

倾听、观察力、好奇心，这些都是与他人建立连接的绝佳工具，而且最重要的是，它们不需要你站到聚光灯下成为焦点。但这绝不意味着你无法建立成功的事业。

朱迪·沃特（Judy Wert）在 20 多年前成立了自己的高端人才猎头公司。她的公司位于纽约，专门帮创意领域的企业寻找管理岗位的候选者。如果你认为猎头顾问的性格一定是非常外向的，那就来了解一下朱迪吧。朱迪认为自己是个内向型的人，她给自己的定义是"温和的煽动者"，她只做必须做的事，在工作上打持久战，靠专业性取胜。一般来说，猎头和招聘人员都需要不断和各种人见面，为未来的人才需求提前做储备，而朱迪则有意识地控制了公司的规模，运用遍布世界各地的关系网络设计出了一种更为敏捷的工作方式。

出身视觉设计专业的朱迪使用一种新的"人际媒介"作为设计工具，从而让她的公司谱写出"人与对话的故事"。她通过独有的定制化数据库追踪联络动向，这个数据库中收录了数千名与她见面的人员资料。知道了这些，你也就能理解为什么朱迪能在多年后帮某个曾经只有一面之缘的人找到新的工作机会。

在我看来，朱迪的工作之所以能进行得如此顺利，其原因正在于她具有我刚刚提到的那些特征：有好奇心、善于观察、乐于倾听。她告诉我，在将候选人与岗位进行匹配的过程中，她发现自己拥有一种

"策略性本能"，这是一种敏感性，能捕捉内向者所熟悉的内部和外部信息的变动。的确，内向者能接得住他人内心的诉求、渴望、秘密和担忧，这种感知力使内向者能更好地理解他人。

也是因为这样，内向者能更缜密地思考谁是最适合空缺职位的候选人，能找到适合帮忙修改简历的人，内向者也是有能力做遗嘱执行人的人，是可以和你一起欣赏最新的电影或一起去酒吧狂舞的朋友，是头脑风暴最佳搭档，是能够帮你把开一个小吃摊的想法或其他上千种想法落地的人。内向者在听过朋友的介绍后，根据以往的经验就能判断谁适合做什么。这种技能还适用于其他人际问题的解决，可以帮助人们在整个职业生涯乃至整个人生中做出许多决策。

内向的性格和爱观察的习惯的结合给内向者带来了一个礼物：衡量人心的艺术。这仿佛是内向者的天赋，他们能轻易看透一个人的伪装：这个人是否有某种迫切的需要？是否迷茫无措？是在夸夸其谈还是精神紧张？他们让人感到平和，还是让人对其有所好奇或心生愉悦？这种能力意味着内向者能把握住他人的要求和期望，而这正是在持续构建人际关系网时必备的关键能力。

内向者这样社交更有效　　TAKING THE WORK OUT OF NETWORKING

施展你的内向力量

在开始扩展人际网络前，可以试一试先完成3个热身练习。你的努力会给你身边的人带来奇妙的感受，你也能从他人身上获得其他有价值的信息。

做先发问的那个人

下次和一个你不太熟悉或根本不认识的人（比如同事、朋友的朋友或一起参加会议的人）一起喝咖啡时，率先提问，请他们讲讲他们自己的故事。这个技巧在打电话的时候也很有用。

开场白很简单，可以是："待会儿可以再说我的事情，我想先听您说说在X公司工作的感受。""您是如何在X领域取得成功的？""那个会议/演讲者让我印象深刻，您从那次活动中收获到了什么？"

如果你希望在对方的公司或行业中找找工作机会的话，那就更要注意你抛出的问题。可以用一个问题来引起对方对你的兴趣："您是如何进入X公司的？""Y这份工作您做了多久了？""您喜欢Z这个职业吗？"

让好奇心发挥作用

好奇是一种心理技巧。无论是不是面对面的交谈，你都可以使用这一技巧。如果你即将和在你感兴趣的公司或行业内工作的人进行信息交换，无论是通过打电话还是视频的方式，你都要提前做准备，让自己和对方的时间都得到充分利用。比如，你可以给你要说的话题设计一个专门的开场白，在简单寒暄后立即引出话题。

你可以引用你在社交媒体上看到的内容，表达你很关注对方的相关情况，并根据细节提问："我想知道的是，您当时是怎么样把猫从烟囱里救出来的？"你也可以根据对方发布的职业信息提问："在谷歌创业初期加入是一种什么样的感受？"你还可以通过关注对方的网站或社交账号来掌握更多情况,并提出问题:"您经常写作吗?"

保持目光锐利

如果说好奇心在很大程度上是一种精神上的技能,那观察力就是执行力的一部分。观察力的作用在面对面交流中能得到更充分的体现,特别是在你刚刚和某个人认识的时候。观察力是否敏锐的一个指标是你能否让刚认识的人放轻松,而不是让这段关系牢固不破;另一个指标则是你能否迅速确认自己对对方的感觉。下面是一些在对话中运用观察力的例子。

"您的眼镜太好看了,您平时会收藏眼镜吗?"(初次见面的时候不宜点评对方的穿着,因为服装品位很私人化,而眼镜或鞋子更适合作为恭维的切入点。)

"您喜欢什么样的手机壳/充电器/笔记本电脑/签字笔?"(任何出现在人们身边的小物件都会透露出他们个性的信息。)

在对话过程中还有一些需要你注意观察的事情,比如,对方表现得烦躁不安还是轻松自如?他们是公事公办,还是对你袒露了更多的隐私、喜好甚至是怪癖?

观察力在小组会议中也会发挥作用:你是否能看出有哪个人总在和别人唱反调或者打断别人?有没有谁"总有开不完的会",只能等他开完会才能详谈?谁会和你在私底下进行友好的沟通?

你观察到的东西会让你对他人的理解更进一步,你的人际关系也会发展得更加顺畅,这都是因为你让别人展示出了他们真实的自我。

内向者的社交法则

1. 内向者有能力建立起强大的关系网，因为内向者善于倾听、目光锐利、充满好奇。
2. 将内向的性格和爱观察的习惯结合在一起，就能把握住人们的要求和期望，持续构建人际关系网。
3. 充分利用自身特质，内向者也能建立起自己独有的社交智囊团，打造具有深度的人际关系。

TAKING THE WORK OUT OF NETWORKING

第 2 章

掌握建立有效连接的方法与原则

良好的人际关系应该能激发
真诚、精彩的对话,
从而让人与机会
恰如其分地联系在一起。

———
TAKING THE WORK
OUT OF NETWORKING

第 2 章　掌握建立有效连接的方法与原则

在与世界各地的人的合作中，我们能学到的东西太多了。

——戴维·本森（David Benson）

我在前文提到过，现在美国人换工作的频率非常高。很多美国人在一生中不断更换着居住地点，而其中大部分的变动都发生在 30 岁以后。当下的时代，选择自由职业的人更多了，随之而来的是所谓"微就业"或"零工经济"的兴起，这些概念的本质都是人们通过从事多份工作来增加自己的收入，或让工作时间变得更灵活，又或两者兼而有之。美国知名作家、企业家佩妮洛普·特朗克（Penelope Trunk）认为，一份工作做 3 年是最合适的。她写过一篇非常具有前瞻性的文章，文章中说："你可以通过换工作的方式来丰富自己的实操技能，并在这个过程中编织出一张宽广的人际网络。这两点对个人发展非常关键，因为它们意味着你在以后任何时候都能找到工作。"

正是由于人们越来越习惯高频率地搬家和换工作，保持与同事的联系这件事比以往显得更为重要。除此之外，我们还要注意与前雇主及自己的同行保持来往。**人际关系网的用途有很多：它能孵化你的创意、带来意想不到的机会和持续不断的资源。**组成这个关系网的人可能有不少是你的故交好友，但你的名单中不能只有他们，多样化的人群才能带来更多可能。想想你以前的同事、结交的业内大拿、在会议和工作坊上认识的人、面试过你的人，以及其他各类友好人士，包括在社交媒体上你关注的人和关注你的人，还有在学校和公司里认识的形形色色的人，这些人可以统称为"弱连接"（我会在后文再详细阐释这个概念）。

关注社交质量，而非"广撒网"

说起人际关系的构建，人们一般会想到在活动中"巡视全场"的做法，有些人会交换一大堆名片，用这些名片建立起一个信息过载的数据库，然后用自己的需求和问题对数据库中的人进行"狂轰滥炸"。但是说实话，管理人际关系的重点根本不是数量的增加。**在人脉这件事上，数量并不能带来神奇的效果，有想法的人会更关注关系的质量。**我的前同事亨特·沃克（Hunter Walk）在旧金山从事风险投资相关工作。沃克认为自己是个内向者："长时间面对一大批人会让我感到焦虑。"但他的工作要求从业者尽可能多地和人见面，因此沃特会衡量能否在某种不可避免的群体环境（如会议）中达成自己的目的。有时他一天只与5到10个人联系，有时则需要和数百人待在一起。在沃克眼中，哪怕只见10个人，这些人中可能也会有那个能帮他发掘有潜质的新公司的人。他筛选联系人的标准是什么呢？沃克告诉我，他关注能否和对方进行"有意义的对话"。

前文提到的朱迪·沃特也有类似的体验，她会运用学习思维和好奇心，将候选人和合适的机会匹配在一起，并据此来确认自己的工作效果。她期待的是"能激发真诚的、精彩的对话，从而让人与机会恰如其分地联系在一起"的人际关系，她从不认为自己在"构建人脉"，相反，在她看来她"只是把人们联系在一起"。

内向者这样社交更有效

TAKING THE WORK OUT OF NETWORKING

建立有效人脉的技巧

当你掌握了以下3个技巧，你最快能在二三十分钟之内建立起一个有效人脉。再次提醒，人脉的价值不是以数量多少来决定的。就像伊万·米斯纳所说："就算你的人际关系网有一公里宽，但若厚度只有一尺，这个关系网也不会有什么价值。"

快速找到共同语言

对方可能是引荐你的人，可能是与你参加了同一场活动或在同一领域里工作的人。只要你和对方有共同点，不管多么微不足道，它都能帮你开启一次对话。

你可以这样开场："艾丽西亚是我在上上家公司的同事。您是怎么认识她的？"

讲故事

每个人轮流说一件关于自己的事情，让关系建立起来。内容可以很简单，比如，你是怎么找到这份工作的，你住在现在这个地方的原因是什么。不要死记硬背，要加入自己的特点。当谈话具有了私密感，代表关系正在增进。

比如，你可以这样聊："我是军人子弟，小时候家里总是要跟着部队一起搬家。所以我进入了房地产行业，因为我想帮人们扎下根来。"

发现可以相约完成的任务

在谈话过程中，如果你得知对方也要参加某个你即将参加的课程，或是你们都要开始写博客、参加下个月的会议等其他任何类似的事情，你们就有了并肩作战的可能。如果谈话能带来之后更正式的接触或合作就更好了。

你可以这样聊："我真的很期待听到您下个月关于用户研究的报告。如果您想提前过一下演讲内容，我很乐意做第一个听众。"

请注意，前文中沃克和朱迪都强调了人际关系的质量。要收获高质量的交往，有一个秘诀是不要把每一次相聚都视作一场交易。如果你把朋友当成"提款机"，想从他们身上经常得到好处，那你很快就会发现这种关系是不可持续的，甚至会透支自己的人脉资源。没有人喜欢被别人反反复复地利用，特别当这种利用是单向的时候。你也不喜欢被这样对待，不是吗？最好的人际关系是需要双方共同投入的，有时候也许其中一个人会对对方有些需求，而有时候你们谁也不图什么，但这都不会影响你们持续为彼此付出时间和精力。

这里要多说一句，人与人的相互帮助没有时间限制。有些完全没有与我共事过的人，甚至是一些我没见过的人也会突然来请求见面，或打来电话和我探讨问题，我有时也会这样。在当下这个工作变动频仍的时代，这些都是正常情况。在写这本书的过程中，我也去联系了一些20年来都没有合作过的人。我们的联系仍在继续。

下一章中，我会具体聊聊松散接触，这是一种可以长期维护人脉圈的方法，我将其视作人际交往的黄金标准。不过，在这之前，我列出了一些能让人脉关系发挥出最大效用，同时又能让你感到愉快的行动准则。这些准则随时都能派上用场，还能让人长期受益。不管你需要别人的帮助还是要帮助别人，这些准则都一样适用，毕竟，我们每一个人都可能在不同时间出现在天平的两端。

提高人际关系含金量的准则

准则一，心态要开放。有句话说："如果你不走出去，就永远不知道会发生什么。"当你相信无论多么短暂的一次邂逅和交流都可能带来新的可能时，你会发现生活是有趣的，是具有启发性的，那些建立连接的时刻是值得的。我们都会遇到这些情况，不知道人生下一步该怎么走，不知道该如何取舍，不知道从哪里入手去了解某份工作、某座城市，不知道如何掌握自己的健康状况或学校信息等。这些都是很实际的问题。仅有一个信息来源是不够的，因此用开放的心态对待人际交往非常关键。有些结论只有在与别人见面并勤于探索的情况下才会产生，比如，你可能会发现原来自己压根不想去某家公司工作，或没有必要搬到另一个城市。

准则二，主动约见别人。你用什么办法认识新的人呢？我是"一起喝咖啡"的拥护者，哪怕我也不知道一起喝咖啡到底能带来什么，甚至也不知道到时候要说些什么。有时我和某人见面仅仅是因为有人告诉了我们其中一人："我觉得你们会喜欢彼此。"我最近的"咖啡搭档"中有希望一起进行头脑风暴的创业者，有希望从科技领域跳到消费领域的专业公关人士，也有反向跳到科技领域的人，还有希望能在他供职的公司破产前做好规划的资深记者。理论上，所有会面都能带来让双方灵感迸发的对话，然后产生魔法般的化学反应。你永远猜不到那些没有具体目的的闲聊后续会有什么样的发展。

准则三，多帮助别人。我们一生之中都会有要依赖别人帮忙的时候，"即便我不知道要怎么做，我也要帮助别人"应该成为我们的默认设置。有些人的请求可能非常含糊，比如"我想找份新工作，但不清楚自己到底想做什么"，即便如此，你也可以主动提出和对方聊一聊。当然，不是每个人都值得让你花时间，但即使你帮不上忙或不愿意帮忙，也要礼貌拒绝。一句简短的"抱歉，我不认识那类承包商，祝你好运"也比沉默不语要好。简单一句话：不要计较自己的得失，先帮个忙再说。

准则四，坚持不懈。如果你想让接触变得有意义，那就要坚持，这是一个积累的过程。你还要有耐心，最初的几次见面可能根本不会有什么明确的结果，我们要先一点点熟悉对方，然后才能开始进行头脑风暴。我们并不会一下子找到满足相关需求的合适人选，比如，有人会希望能联系到负责某个公开招聘岗位的招聘经理，但大多数时候，你的朋友或其他联系人也无法帮你直接联系上目标人物。还有些时候，某个请求会以共同讨论的形式得到结果。人脉的扩展就是这样一个过程：不同的人提出不同的提议，在讨论后就相关提议联系更多的人。在我看来，我所做的与其说是在沟通人脉，还不如说我是在尽量给出我所能提供的所有背景信息和想法建议，并尽量广泛列举那些与议题相关的人士。在我做完这些后，提需求的人可能自然就会发现自己想找的人是谁了。

准则五，不要为自己设限。人们在考虑谁能帮上忙时，脑海中的局限性很大，也很狭隘，这是人们头脑中最常出现的阻碍。他们认为，只有特定职位的人才符合自己的标准，完全想不到可能有些人身份虽然不完全符合，但可以联系到相关领域的专业人士，而且还可能具备更独特的视角、更深厚的背景、更广博的知识和更丰富的资源。不要随意拒绝别人提供的帮助，这也是我在帮人引荐时会特别上心的原因。当有人向我征求意见和索要联系方式时，假如他因为不理解我为什么会向他推荐某人而礼貌拒绝我，我不介意再重复一遍我的理由。

准则六，做一个优质推荐人。就像你希望有人能介绍给你一份好工作一样，你也要让自己的推荐体现出价值。如果你想成为一个有影响力的人际关系沟通者，学会当推荐人就是你一定要学会做的。当有人来征询你的意见的时候，一定要了解清楚对方的情况，确认对方需要的到底是哪类信息。我时常会主动邀请在职的人见个面，我选择的基本上是那些在设计、营销、公关或战略领域内工作的人，并会注意了解此类业务的逻辑，这样，当有人来寻求这类信息时，我就有现成的推荐人选。身在职场，对别人在做什么保持好奇也很有必要，它可以让你建立起一套关于岗位和业务的思维体系。如果你认识的人需要办一场摇滚音乐会，那么你推荐一个大型跨国活动的制作人就很有帮助，但如果有一家10人规模的创业公司的人在找人指导他们公司设计首个展位，那推荐这样的制作人就没什么用了。同样，如果你把从事独立新闻报道工作的朋友介绍给希望有人帮他写电子商务营销文案的邻居，效果可能也不怎么样。在进行沟通前，一定要掌握所有细节信息，运用自己的判断对需求进行评估。不要仅仅因为答应帮忙就随便给出低质量的建议！

准则七，信守承诺。这是构筑起坚实的人际关系网的核心要点，不可忽视。一旦开始做了一件事，就要跟进完成它。不要把那些求助不当回事！如果你已经答应别人要安排时间见面，就别再安排太多别的事情，以免出现无法赴约的风险；如果你临时有事，与求助人设定一个稍后电话交谈或见面的时间也可以；如果你真的帮不上忙，没有时间、想不到解决办法，或是找不到合适的联系人，那就尽早友好地通知对方。不要因为觉得自己会稍后再解决这些问题就让对方的请求悬而未决，因为你之后大概率不会再解决这些问题。相信我，轮到你找别人帮忙的时候，你一定也希望别人能对你坦诚一些。

准则八，恰当地进行介绍。当想好了谁和谁应该见面后，你就要给你的联系人写信，询问他们是否愿意被介绍给别人。以下是基本步骤，具体使用时要根据实际需要进行调整。

- 向联系人解释需要解决的问题或回应的诉求是什么，询问对方是否愿意与你的求助人交流。解释一下你是如何认识这个人的，你为什么要提供帮助，以及你认为对方具体可以提供怎么样的帮助。
- 等对方答应后你才能着手介绍。给双方写信，简要总结一下他们双方有交集的地方。特别提醒，要把求助人加到邮件的密件抄送栏中。如果你是介绍人的话，记得提醒其他人不需要在接下来的交流中继续抄送你。有时候，当双方已经到了讨论见面地点和方式的阶段，我却还被抄送着邮件，这让我觉得很是莫名其妙。
- 及时关注进展并主动推动。可能联系人在一段时间内都没有回复，这时我会用轻快的语气询问一下，看看他们是不是忘了。有的人是真的不再回消息了，而大部分时候人们还是会感谢我提醒他们的。
- 不要一上来就在没有得到双方同意的情况下用一条消息把双方联系在一起。如果有人问我愿不愿意被介绍，我一般都会欣然同意；但如果有不知道从哪里冒出来的人在不提供任何背景信息的情况下就贸然行动，我会感到被冒犯。正因为如此，有人会用"双向选择"这个词概括这个过程。

准则九，要保持沟通的频率。 很多人都和我说过，当问题没有得到回复或解答，他们就不太愿意再继续联系、跟进了。我可能确实是个保守派，但我还是认为电子邮件是与大批你不熟悉的人保持联系的最佳方式。因为邮件是大家普遍使用的工具，当你要询问、解释、跟进事情的进展或想快速获得一些信息的时候，邮件是最方便有效的方式。同时，在你真的想得到一些东西的时候，比如正式找工作时，你必须比平时更勤于沟通。如果你在积极寻找一份工作的过程中有一个频繁接触的联系人，那无论这个人做了些什么，你都要在整个联络过程中多说"谢谢"，并把你的进度同步给联系人。曾经有位年轻女性请我把她推荐给一些公司，每当她联系到一个我推荐的人后，她都会来告诉我。她每次都会发来一段简短的更新，告诉我当前的进展如何，以及她为新机会感到高兴。我很高兴在她的求职过程中得到了她的反馈和感谢。注意，频繁沟通不等同于长篇大论。这位女士是个很得体的交际者，我也非常乐意再次帮助她。

当然，如果没有联系人的帮助你就得不到预期的结果，那你就更要郑重感谢对方了。最近，我的一位前同事同时应聘了两个职位，她希望我能做她背调时的联系人，我很乐意。接到那两家公司招聘人员的电话后我好好地夸了这位同事一番。她跟我讲了她对这两个职位的考量，最后做出了自己的选择。后来她送了我一件礼物，我知道，她一定给每个帮她的人都送去了礼物。表达感激之情绝不会错。

准则十，在真实生活中进行一对一沟通。你可能觉得这太麻烦了，工作量会很大，明明可以在社交媒体上发帖询问，或是在相关网站上查询相关情况，不是吗？是的，这些平台当然有交换信息和建立连接的功能，但是你在这些平台获得的大多是人们随意给出的回复，既不够具体，也不能完全贴合你的独特需要。不要止步于此。在这些平台上，我们聊天的方式也都是懒懒散散的，看到聊天群组中的提问，我们的回答一般就是几个词。这种交流根本无法达到单独接触时你能体会到的那种深度和广度。当然，虽然说随着时间的推移，一对一的关系比一对多的关系更有价值，但是在群体中也可以挖掘出新的想法，获得推荐和支持。如果能好好地维护，这份群体的情谊将常伴你左右，助你克服生活中的种种障碍和挑战。

准则十一，列出清单。反复检查清单，在日常工作之外大概每周留出时间复盘一次，想想还有什么需求没有得到回复，或是还有谁在寻求你的帮助和指点。你可以跟进一下尚未做出答复的邮件。同样，再想想你在等谁的消息，对方最近是否没有回复你。这个时候很适合快速地完成一次松散接触。

世界充满未知，因此无论从他人那里了解到什么信息，都可能帮你更深更透地看待这个世界。你可能了解到就医建议、旅行目的地详情，也可能了解到职位空缺或工作变动信息或让自身得以立足的机会。向他人寻求建议或给予帮助的次数越多，你了解的就越多，生活也就越顺利、丰富。所以，走出零和游戏的误区，开始行动吧。

TAKING THE WORK
OUT OF NETWORKING

内向者的社交法则

1. 组成我们联系人名单的不能只有故交好友，多样化的人群才能带来更多可能。
2. 不要只关注联系人的数量，有想法的人更关注关系的质量。良好的人际关系应该能激发真诚、精彩的对话，从而让人与机会恰如其分地联系在一起。
3. 不要把每一次相聚都视作一次交易，高质量的人际关系需要双方为彼此付出。

TAKING THE WORK OUT OF NETWORKING

第 3 章

养成松散接触的习惯

保持松散接触，
可以帮你
战胜社交时的恐惧。

―――
TAKING THE WORK
OUT OF NETWORKING

第 3 章　养成松散接触的习惯

> 想一想交到新朋友的过程。这个过程中你要寻找你们的相似点，不要太严肃，最好能说些笑话。但最重要的是，你要表现出对对方的关心。
>
> ——苏拉夫·戴伊（Sourav Dey）

在建立人际关系的过程中，有两件事情让人们特别反感。第一，是"我们有求于人"这个赤裸裸的真相。《哈佛商业评论》曾经对人际交往下过这样一个定义，虽然有些尖酸但不失准确："人际交往是令人不快的任务，目的是和陌生人交换好处。"我们的确不喜欢带着目的性去做一件事。第二，需要人际关系这件事本身似乎就把我们放在了弱势地位。比如，你可能要请别人把你介绍给招聘者并为你美言几句，或者主动询问有没有新职位开放，这些行为都会带来被动的感受，你会觉得这种事情本来不该去找别人帮忙。把自己交到陌生人或近乎陌生人的对方手中等待他们的帮助，也会让你感到压力倍增。而时间上的紧迫感会让这种感觉更加严重——比如刚刚失去工作的时候、需要还贷的时候、家中出现变故的时候。在这些需要表现得胸有成竹的情境中，你很可能发现自己的境况无比悲催，这会让你更难自然地展现自己。

我要告诉你一个小秘密：**每个人在某些时候都会需要一些现在还不认识的人的帮助**。所有人都需要去和别人建立连接，获得一些信息、观点和支持，大家都一样。如果了解了这一点能帮你克服"求助 = 软弱"的想法，那就太好了！我猜你本来就是愿意倾听的人，现在是时候为自己寻求外界帮助了，这是关键中的关键。

不要等到需要的时候，才去经营人脉

还有一个秘诀可以帮助你战胜恐惧，让你可以为了自己的目的去勇敢地联系别人：在并不需要具体帮助的时候，每天都通过一些小练习去经营人脉。我称之为松散接触。你可以不时地出现在已认识的人或新认识的人面前，问候一下，或在非正式、自然随意的场合下见面，但你要知道，松散接触不同于经常性的拜访。如果你能在没有迫切需求的时候养成这样的习惯，你就会逐渐把自己视作人际关系中的给予者，而不是索取者。如果再进一步，你能偶尔帮别人解决问题，自然就能战胜恐惧了。

这就是我的法则：**在需要人际关系之前就先经营维护，这会让一切都轻松起来。**如今，我们有的是和熟人及新认识的人保持松散接触的方式。在后文我会提供更多信息，帮你通过不同社交媒体进行信息分享、评论问询、与别人谈笑并完成对人群的观察。

很久以前，我的松散接触依赖于一本破旧的通信录。通信录封面上总是贴着一张崭新的便贴纸，上面是这一天我要打电话问候的联系人名单。这份名单及几个我一直挂念的人就是我要完成的任务。我会拨通他们的电话或给他们留言，完成后就把他们的名字从名单上划掉，没联系到的人我会安排到第二天的名单里。时间快进到21世纪，如今打电话已是最后迫不得已的选择。大约在2010年，美国民众手机上的语音功能就已经被短信、搜索和电子邮件等非语音功能取代了。

手机的非通话功能经历了爆炸式的发展，与此同时，我们也习惯了众多时移（time-shifting）服务[①]的存在，这意味着有些事情我们

[①] 时移服务指用户在观看直播节目时，能对节目进行暂停、后退等操作。——编者注

可以随时去做，而不需要等到特定时间才能做。换句话说，我们的行为已经异步化（asynchronous）了。比如，下订单或询问订单状态时，我们不再需要给商家打电话；我们也不再需要等待商店开门或为了某种特殊型号、颜色、尺寸的商品走到腿软；我们不再在9点准时收看新闻，因为每天24小时、每周7天新闻从不间断。这样是好是坏大家各有评说，但伴随着这些变化，我们逐渐习惯了随时工作、随时购物、随时社交的状态。

通信工具也都具备了时移特征，包括短信、搜索，以及传统的电子邮件，没有人需要时不时拨个电话了。现在的通信方式更方便，也不用担心会打扰到对方，因为人们会在方便的时候回复。异步性的存在对内向者十分友好，因为我们本来会因为即时通信的压迫感而回避。而现在，我们可以字斟句酌地编写信息，不必立刻给出完美的回复。

在《异步通信的威力》（*The Power of Asynchronous Communication*）这篇内涵深刻的文章中，作者戴维·本森描述了他观察到的一种现象：我们放弃使用只能即时完成的通信方式，改用邮件或其他"你想看时再看"的工具，就是我们可以与朋友和熟人"保持友谊和对话的关键纽带"。

"礼物需要一直交换才能保有价值"

这也许是社交活动中最难做到的一点：在无所求的时候给予，在有所求时收获。建立人际关系需要在这两方面都付出努力，也要在每一次交往中都花费心思。刘易斯·海德（Lewis Hyde）在他的作品《礼物》（*The Gift*）中，对所谓"礼物经济"（gift economy）[①]和互惠互利的概念提出了深刻的见解。他说，与其把思维局限在"以礼还礼"的过程中，不如秉持"礼物需要一直交换才能保有价值"的观念。

给予的艺术

本着这种观念，我的建议是社交习惯要建立在你所能给予的东西之上。20多年前我进入科技领域工作的时候，从没有把积累人际关系当成自己的目的，也没有想过要从人情往来中获利。我只相信两件事：一是要与人建立有意义的连接，因为他人的存在可以让我不再感到孤单；二是在别人需要建议或帮助时，分享自己所拥有的人际关系。我不喜欢让别人空手而归，我想做一个有用的人。资源和信息当然不是每时每刻都有，方案也不可能永远都是完美的。但我相信，在人与人的交汇中，最佳答案自会显现。我想通过我的人际关系，让更多问题能得到解答。我喜欢和别人一起思考下一步要如何走，决定下一次要找的人，我在这种双向解谜的过程中感到无比兴奋。

人们会告诉我，他们没有工夫为了帮别人的忙而去社交，我会感到不解：留一些时间出来到底有多难呢？要知道，你不是白出力，也是会有收获的。你会听到别人的故事，还能建立起新的人际关系，而不只是当传话筒这么简单。来自西雅图的企业家朱莉·施洛瑟（Julie Schlosser）就是一位"社交大师"，你将在后文中对她有更多了解。她说，建立连接并与他人分享的过程"有点像捐款，它会带来一种莫

[①] 礼物经济又称礼品经济，指通过馈赠礼物来促进社会关系，而且这种馈赠没有任何前提条件。——译者注

名的幸福感",对此我深有同感。

我并不是说我们要立刻放下自己手头的事情,专门跑去见一个陌生人。我们都有必须完成的工作,有很多紧迫的任务。有时候我会同意和陌生人见面,倾听他们的职业诉求,给他们提些建议,但这些事情是我有时间时才去做的。当然,发邮件会更快,也会更方便,我可以在有空的时候再处理。在我帮助两个人牵线介绍前,我会给他们分别发一封邮件,然后等待回复。

如果人际关系是建立在你所给予的东西之上,那么你提出需求的时候将不会再觉得特别难为情。总会有那么一些时候,你想得到某些人的提点、推荐或指导,我们每个人都会面临这样的情况。但同样你也会有很多给予他人礼物的机会,比如,倾听他人、参与头脑风暴和帮他人牵线介绍。我经常提醒人们,无论你做的是什么类型的工作,你都拥有一些别人没有的知识。也许《礼物》的开篇语是这种情况的最好总结:"好的东西会得到回报。(What is good is given back.)"

内向者这样社交更有效　TAKING THE WORK OUT OF NETWORKING

学会恰当地给予与收获

给予

- 称赞要具体,不要只是点赞。
- 在社交媒体上推荐别人。
- 主动提出帮忙复盘演讲稿或审读文章。

收获

- 大方地接受赞美，不要自谦说自己的成绩不值一提。
- 接受别人主动提供的支持。
- 倾听有价值的反馈意见。

收获的艺术

遇到问题时，我们都会希望找到一个简单的解决办法。比如我，我会寄希望于常用的搜索引擎。我相信我并不是唯一一会这样的人，每个人都希望搜索一下就能得到答案："谷歌，对我来说最好的工作是什么？哪个领域最适合我？我应该在哪里生活？应该上什么学校，读什么专业？"如果我们可以直接点击搜索后出现的第一个结果，并能就此完成诸如申请、加盟、支付押金之类的事情，岂不是太好了？但问题是，我们很少能这么轻松地找到自己需要的答案。

当然要随时准备迎接惊喜，但我性格中务实的那一面让我对这个说法有不一样的判断，你可能也是这样的。**我信奉的一个道理是，惊喜降临的前提是要先提出自己的想法并去争取。**音乐家阿曼达·帕尔默在《请求的艺术》(The Art of Asking) 一书中探讨了"收获"这个概念，她用了自己的故事做例子。曾有好多年，帕尔默都通过在街头表演的方式给自己筹措录制作品的资金。后来，她选择了一个帮创业者筹集资金的网站，在这个平台上成功发起了筹款宣传，最终得偿所愿。就是在这个时候，帕尔默明白了一个道理，她说："我们总以为自己不值得获得帮助，于是就停下了脚步。"无论是在艺术创作中遭遇困境，还是在日常工作或人际关系中遇到问题，我们总会本能地抗拒向别人求助。这种抗拒不仅是出于我们对被拒绝的恐惧，更出于我们认为自己甚至不配得到所期待的那些东西。

也许你会想：可是我又不想出名，让我去争取什么呢？我的意思并不是让每个人都去网上筹款，而是想强调我们都可以从帕尔默战胜心魔、鼓起勇气去求助的经历中学到些什么。帕尔默的粉丝愿意支持她，她就欣然接受粉丝的支持。因为帕尔默跨过了这道认知鸿沟，她对给予和收获之间的关系有了新的认识，你也能从这种认识中受益。人们不介意有人提出要求，而且他们会愿意帮助你，就像你也会愿意帮助他人一样。

当然，求助的确会有得不到回应的时候，也可能别人所提供的并不贴合你真正的需要。我不会告诉你应该平心静气地接受这种情况，这种要求不切实际。重要的是把眼光放长远，不要太计较一时的得失，也不要因为不断尝试而感到自责，继续加油就是了。

社交也要长期主义

要记住，在松散接触的过程中，人际关系网的形成不是一蹴而就的。要一次一次地与人见面，这是一个缓慢的过程，需要持续不断的努力。可以每天都发送一些问候消息、转发故事和笑话，如果做不到每天都发，至少也要定期联系，这样会对人脉构建有所帮助。

几年前，我认识了一位在初创公司从事公关工作的女孩珍妮。当时，珍妮的老板是我在谷歌的前同事，介绍她来见我，和我讨论有关公司网站开发的问题。在这次见面之后，我和珍妮都换了工作，但我们仍然保持线上联系，并在接下来的几年里都保持着这种可以说是非常松散的接触。除了那次见面以外，我们甚至都没有再面对面坐在一起聊过天。时间快进到现在，如今珍妮已经成为某风险投资机构的合伙人。不久前，她向我介绍了一家她们投资的公司，表示希望我能帮助这家公司优化内容战略。我欣然接下了这个项目，为了表示感谢，我邀请珍妮一起吃顿饭或喝杯咖啡。在我写这本书的当下，珍妮还没有回复我，不过我知道我们的关系会一直保持下去，这是一份靠松散接触而不是靠吃吃喝喝维系的友谊。

内向者这样社交更有效

将松散接触融入日常生活

每天10分钟，养成松散接触的习惯，你可以维系自己和很多人的关系。效果并不是立竿见影式的，但只需要付出极小的努力就能获得巨大的回报，以及一份好心情。无论你在这段关系中是给予者还是获得者，都会因此产生满足感。

让问好成为晨间"热身操"

查看电子邮件和新闻就是我每个工作日早上的"热身操"。当我看到一条新闻的标题，感觉是某位有一阵子没联系过的人会感兴趣的内容，我就会转发给对方，并附上简短的留言："这条新闻让我想起了你，你怎么看？最近怎么样？"

使用待办事项清单

保持松散接触的重要一步就是在偶遇后要记得跟进。在会面或谈话结束后,想一想有什么新消息是你想分享的,再想一想你主动分享给谁。把这些人添加到任务名单中,通过与他们分享信息获得满足感。

心怀感恩结束每一天

表达思念的信息可以发给和你聊得来的人或你想见到的人。这样的信息可以开启一次新的对话,同时种下种子,让你在某一天收获人脉结出的果实。

我再举一个例子,从中你会看到松散接触是如何发挥作用的。最近,一位前同事介绍我认识了一位名叫米歇尔的女士,米歇尔希望找到一份员工关系方面的新工作。她告诉我,她在现在的公司工作了好多年,这导致她早就忽视了要维系人际关系,也没有与什么人有松散接触的联系,直到现在她才发现这已经成为一个问题。我向她介绍了我在相关领域的联系人,并祝她好运。米歇尔会定期和我分享她的求职进展,而我则在每次读到员工关系工作的相关文章后,都会转给她并留言说:"这篇文章让我想到了你,希望一切顺利。"就这么简单,我们不需要再安排一次见面,但她知道我在惦记着她,我也知道她没有忘记我。如今,米歇尔在拓宽思路、寻找新机会的过程中,逐渐建立起自己的人际关系网络,认识越来越多的人。希望她不会再丢掉这个习惯!

还有一个关于互惠的故事。几年前,我在社交媒体上收到了一个叫伊恩·桑德斯(Ian Sanders)的英国人的提问。在回复他后,我看到了他页面上的个人介绍，我喜欢他对自己的描述，其中有一部分是这样的："创意咨询师，讲故事的人，作家。能量来自咖啡、好奇心和散步。"于是，我关注了他。伊恩生活在伦敦近郊，从事团队激励工作，他会帮助员工在工作中充分发挥潜力。后来，我有一次计划去伦敦旅行，于是问伊恩要不要见个面。那次在伦敦我见到了他，后来也一直和他保持着松散接触。我们专门找时间一起讨论了咨询工作以及团队合作中的方式方法。我还介绍他认识了一些记者和咨询人士，他与这些人都建立起了连接。桑德斯也启发了我，让我重新思考如何和客户沟通。我们会互相转发有趣的内容，在彼此眼中都是友善又对自己有帮助的联系人，甚至已算得上是朋友。

松散接触尤其适合于维护与已知联系人的关系。我就是用这个方法保持了与几十个人，特别是与前同事的联系的。还记得我前面提到的我的跳槽经历吗？我的方法是和朋友们分享在网上看到的趣事或我们都有兴趣的消息。这里的分享指的是给对方发去一句简单的问候并附上有趣内容的链接。几乎所有社交媒体都有类似的功能，用哪个取决于你的喜好和习惯，当然还应参考一下要联系的人都在什么平台上活动。这部分内容我将在后文做更详细的介绍。

针对共同的兴趣进行分享很重要，哪怕对方只是你的工作伙伴，相似的兴趣爱好也可成为松散接触的基础。举个例子，我的朋友艾瑞卡特别喜欢小狗，本职工作是用户体验优化。我们经常给彼此发去小狗的搞笑动态图片，也会一起轻松地谈论各家公司最近有哪些关于客户关系发展的负面消息。偶尔我们会在工作消息中穿插着发一些可爱小狗的图片以及各种其他信息，然后继续讨论研讨会邀请或咨询工作机会。这就是松散接触的一种具体表现形式。

我还在网上和一群谷歌同事保持着联系，这些人中也有很多跳槽去了其他公司。我们这些前同事之间有一种家人般的感情，一看到我们"老东家"谷歌的奇闻趣事或是看到竞争对手做了些什么，我们就会互相转发。有时候我会发一个新闻链接，配上耸肩的表情，对方可能会回一个"赞"的表情，表示"是啊"。这是另一个松散接触的瞬间。看了新闻后，大家可能马上开始聊天，也可能稍后再聊。我们的交流虽然是在网上进行的，但达到的效果就和在家附近的酒吧里轻松畅聊一样。社会学家雷·奥登伯格（Ray Oldenburg）提出了"第三空间"这个概念，指的是在私人住宅和工作场所之外的某种主导人类活动、培育社区精神的地方。现在，我们爱去的咖啡馆就是一种第三空间，网络也是一种第三空间。

商科教授戴维·布尔库什（David Burkus）在《朋友的朋友是朋友》（Friend of A Friend）一书特别强调要重视弱连接的价值，**要注意运用与自己关系稍远的熟人的力量，很可能这些人会在需要的时候扭转危局**。他说："当遭遇事业瓶颈时，我们一般只会和密友倾诉。密友也许能帮上你的忙，也可能什么也做不了……但其实，我们更应该去看看和我们关系尚浅的人在做些什么。我们要去唤醒这一部分沉睡的朋友圈，可以向这些人讲述自己的遭遇，看看他们能提供什么机会。如果你能开始正式培养与这些人的关系那就更好了，与他们定期见面，把弱连接的价值激发出来。"这也正是进行松散接触的意义所在。

要关心对方，但也要尊重界限

异步通信带来的一个变化是，在当下这个需要我们时刻在线的时代，我们的联系人会遍布世界各地。你可能需要与客户和同事在跨时区甚至跨大洲的情况下协同工作。你认识的每一个人都是一个起点，你只需要带着好奇心和开放的心态，多使用非常规的联系方式，人际关系网就可以逐步扩大了。很多视频会议软件可以根据你所在的时区自动设置会议时间，有了这些软件和应用，人们的跨时区交流从未像今天这样便捷。我想我们很快会进入这样一个时代，到那时候人们会觉得为同一个老板在固定地点工作是非常奇怪的事，而工作时需要穿着正装、每天在路上通勤，还要在自己的工位上办公的情况更是难以想象。随着世界不断变小，松散接触的价值也会不断增长。

我们可以用比以往更容易的方式与许多人保持联系，这是一件好事，但与此同时也会有负面效果，比如，你收到的见面要求和问询诉求也会更多，其中有些会让你感到不快。这种时候你一定要明白，我们和别人进行松散接触的目的本来就是为了不把人际关系变成一种负担。如果它已经成为你的负担，而这种压力会让社交缺少它本来应该有的轻松感，你就会没有动力继续把关系维持下去。

比如，在你给某人发去简单问候之后，对方邀请你在下周四下午2点与一个你不太熟的人见面，为了一个他也说不清楚的原因。在这种情况下，你完全可以要求将见面延期，直到你确定自己想去见面认识，或者干脆拒绝。尤其是当你觉得自己没有能力提供帮助的时候，一定要学会拒绝。我遇到过一些非常想加入谷歌的人，他们请我喝咖啡，希望能聊聊谷歌的情况。我虽然很想帮他们的忙，但在我离职后，谷歌又有将近3万名新人入职，因此我所了解的谷歌已经不是现在的谷歌了。在这种情况下，我一般不会答应见面，而是会给邀请我的人回封邮件，告诉他们我了解的大致情况，有时候还会附上一篇最近读到的相关文章，最后附上一句真诚的"祝你好运"。

第 3 章　养成松散接触的习惯

在人际关系不断扩充的过程中，我们需要更加小心地处理人与人之间的界限，尊重别人的时间，注意沟通中的分寸。当然，界限要有，开放的心态也要有。如果陌生人的见面邀请激起了你的好奇心，那就尽量答应下来，至少多问自己一句"为什么不试试"。有时，计划之外的见面会带来惊喜。

我已经向你展示了快速简单的交流的价值，这种交流的效果清晰易见——大家可以走入彼此的内心几分钟，这些时刻就是人与人交往的纽带，也是关系有进展的标志。

进行松散接触的动力和销售人员常使用备忘录的理由差不多。备忘录是销售和业务开发人员整理出的一个资料文件夹，用来提醒自己要与老客户保持联系或是寻找新客户。这个方法在销售界被沿用了多年，我认识的专业销售人员都会用这个方法记录客户的兴趣，体现出客户对自己的重要程度。

松散接触也是一样的，只是它不着眼于某个销售目标，也不需要一个明确的结果。**无论是客户备忘录还是松散接触，其目的都是不断增强对彼此的兴趣，并抓住任何可能因此产生的机会。**

我通过一位朋友认识了我前面提到的朱莉·施洛瑟。这几天，我在按照以往的习惯和朱莉通过电子邮件了解彼此，还安排了一次电话沟通。朱莉曾是一名记者，现在则作为企业家开办了一家非营利性质的网络公司，公司的部分营收会捐给公益事业。我们那位共同好友之所以把我们联系到一起，是因为她注意到我和朱莉都有与许多人保持松散联系的习惯。而我和朱莉发现我们的确习性相投，比如我们都会不时向朋友们寻求建议。

051

朱莉认为，她事业的成功，离不开一部分人脉资源的帮助，那是一群几年前与她在时代公司（Time Inc.）共事过的女性。这份工作是朱莉从事的第一份新闻工作。"公司的气氛就像社团一样，不像其他媒体那样竞争激烈，我们互相帮助，彼此支持。大家不是经常联系，但我依然信赖她们，当我不知道如何处理一个新业务的时候，我可以给她们打电话或发邮件询问：'你喜欢这个想法吗？我该怎么往下推进？'本来我是抱着听取意见的心态联系她们的，但她们还会把我介绍给能帮我解决问题的朋友或联系人。其他人遇到问题时，大家也都会这么做。"朱莉说。

朱莉对自己所在圈层的描述，点明了维持松散接触的核心宗旨：**我们应不时地进行接触，而不是紧盯对方，这一点对每个人都适用。**我问朱莉，是什么让她与那群伙伴能够一直维持这种关系，她答道："就像你该如何做一个好人、做一个好邻居的道理是一样的。你应该关心他们，时常问候一下其他人的情况，尽力帮助他们，这样你之后需要寻求别人的帮助时才不会太难。"

现在，想想看你可以和谁保持松散接触，一定有些人会经常出现在你的生活中。除了这些人之外，还有一些人可以作为你的弱连接。我将在下一章说明他们的巨大价值。

TAKING THE WORK OUT OF NETWORKING

内向者的社交法则

1. 摆脱求助时的弱者心态，我们每个人都有需要他人帮助的时候，大家都一样。
2. 将人际关系建立在自己能给予的东西之上，那么在提出需求的时候就不会觉得特别难为情。
3. 养成在并不需要具体帮助的时候与他人保持松散接触的习惯，有助于战胜社交时的恐惧。

TAKING THE WORK OUT OF NETWORKING

第 4 章

发掘弱连接的价值

离我们日常生活轨迹
越远的人，
越应该是我们
努力联络的对象。

————

TAKING THE WORK
OUT OF NETWORKING

第 4 章　发掘弱连接的价值

> 在今天，弱连接对组织的未来发展极其重要，是员工去建立关系的关键之一。
>
> ——雅各布·摩根（Jacob Morgan）
> 　　　　　　　　　　　　　　　　作家

社会学家马克·格兰诺维特（Mark Granovetter）提出了"弱连接"的概念。弱连接指你对其了解很少的人，可能是曾经短暂共事过的人，也可能是通过朋友认识的人。格兰诺维特发表于 1973 年的论文《弱连接的力量》（*The Strength of Weak Ties*）被广为引用，这篇文章提出了一个观点：在某些领域中，与自己联系不那么直接、明显、牢固的人反而比联系紧密的人更能帮我们找到新工作。他的一个关键发现现在听起来相当简单："那些与我们联系较少的人更有可能在我们不熟悉的其他圈层中活动，因此他们有渠道获得我们不了解的信息。"

这的确是事实：我们不知道谁可能掌握着我们需要的信息。**如果我们能踏出熟悉的社交圈，机会就会增加，因为陌生人会有我们不了解的更多、更丰富的信息。**格兰诺维特在他的文章中提到了一个具有讽刺意味的事实，这个事实也是弱连接应该成为我们人际关系重要组成部分的原因："有时候我们会忘记某些人的存在，但我们反而会从这些人那里获得重要信息，这一点十分奇妙。"

这说得一点没错，我们生活中的谜团可能会由不太熟的人解开，比如，以前工作中有过交集但没有直接合作过的人、在烤肉聚会上认识的某位邻居的朋友、某个一起参会的人、帮忙照料母亲的护工的女儿。这些人对于你来说都具有弱连接的性质，他们的认知、人脉和专长可以帮你打开另一扇门，或者说服你去考虑你在正常情况下不会考虑的选项。顺便说一句，弱连接绝对不是一个单向的概念。别人是你的弱连接，你对于别人也是一个弱连接，我也是其他人的弱连接。我想说的重点是，离日常生活轨迹越远的人越应该是我们努力联络的对象。当遇到问题、需要建议和引荐，或者需要获得一些职场友情时，弱连接就是我们应该纳入自己人际关系网中的人。

帮到你的往往是意想不到的人

这里有一个故事可以启发你去思考弱连接的力量。埃丝特·兰多（Esther Landau）是旧金山一家非营利组织的业务发展总监，工作经验丰富。在为一个国际艺术教育项目做了近十年的筹款工作后，她开始重新找工作。起初，她按照常规的申请方式去找到那个适合她的职位，包括投递简历、写求职信、接受面试。后来，她动用了领英好友的力量，认识了一位在她心仪的公司里工作的人，得到了非正式面试的机会，但在几个月的努力后，埃丝特还是没找到合适的工作。

幸好，埃丝特在生活中还有另一面。她是当地一家民族舞俱乐部的成员，每周都会在俱乐部见到形形色色的人，和他们一起学习源自世界各个地方的舞蹈。一天晚上，埃丝特在课间休息时把她找工作的事告诉了一位舞伴，这个舞伴告诉埃斯特，自己工作过的一家非营利社区服务机构最近放出了一个职位。埃丝特从来没有在这个领域工作过，不过这家机构的理念很吸引她。那个职位是一个副职，薪水也比她原来的低了不少，尽管如此，埃丝特还是提出了申请。经过几轮面试，这家机构直接请埃丝特就任总监一职。入职后，埃丝特发现这个岗位与她的个性和技能极为匹配，她也十分认同机构的理念。

如果你觉得这个故事似曾相识，那是因为这种事经常发生。这就是工作中的偶然性：偶然的相遇，随意的谈论，酒后的故事，随手发布的帖子……所有这些都可能带来意想不到的好结果。

弱连接除了可能是之前略有交集的人，甚至也有可能是陌生人。《连线》(Wired)杂志的记者杰茜·亨普尔（Jessi Hempel）曾经为知名风投人玛吉特·温马切斯（Margit Wennmachers）做过专访。亨普尔在文章中详细描述了温马切斯如何和不认识的人见面并帮助他们。有一次，有人向温马切斯介绍了一名科技界高管，这个人向温马切斯求助，请他帮忙处理掉一篇即将发表的负面新闻。亨普尔写道："那个人不是她的公司员工，甚至和她投资的公司完全没有关系。但这个人以后也许会变得重要，可能他的公司有朝一日会被苹果收购，到那时温马切斯就有了个在苹果工作的朋友；也可能他会再创办另一家公司，也许到时候会申请温马切斯的基金投资。她把这类人称作'人际关系网的外部节点'，并视他们为拓展新业务领域的战略伙伴。"

温马切斯答应了见面请求。你也许认为她答应见面不过是出于利益考量，可能有这个因素吧，但另一个事实是温马切斯知道她的努力可能不会带来任何改变。关键是，她没有为提供帮助提出条件，她只是想做，于是就顺手做了。

我曾经试着帮找工作的人理清思路，但发现他们可能太执着于必须得到符合自己标准的工作。我理解人们会有一些执着的想法，谁愿意眼看着自己失去一个完美的工作机会呢？人们总是希望能找到立即解决问题的"办法"，希望能如愿在理想的公司找到一份完美的工作。他们不能接受别人阻碍他们目标的实现，而弱连接在他们眼中就是一种阻碍。但事实上，**弱连接恰恰可能是人们前行的加速器。**

这里有一个具有警示意义的故事。我有一个朋友叫罗恩，他是一名经验丰富的律师。当时他迫切地希望能在事业上更上一层楼，成为某家公司的总法律顾问，但是罗恩给自己的梦想加了很多限定条件。他理想的就职公司必须满足以下所有这些条件：成立不到5年但已开始盈利；规模达到可以开展国际业务的程度；有几百名员工，不是几十名也不能是几千名；正在做公开募股上市的准备；对了，办公地点还要在距离他家16公里以内的范围。愿望很美好，但可惜的是，即便硅谷有数不尽的初创公司，罗恩的这些条件相加得出的是一个可能性几乎为零的结果。我和罗恩提出要把他介绍给一个有法学背景的朋友，这位朋友那时正担任一家公司的首席运营官，我想让他和罗恩聊聊，帮罗恩调整一下对公司的期待。但罗恩很快就拒绝了我，他一门心思要进入他心中的完美公司，成为总法律顾问。他认为，和一个并没有在同样岗位任职过也没有在他的理想公司工作过的人聊天意义不大。但是，我打算介绍给罗恩的那位首席运营官人脉极广，认识很多公司和高管，他和罗恩见过面后或许可以把罗恩推荐给正在招聘总法律顾问的公司，谁知道那次见面会带来什么进展呢？但罗恩不这么想，他放弃了见面机会，把自己困在已经知道或者说他自以为已经掌握的信息中。你猜后来怎么样了？罗恩仍然在找工作。我真的不愿看到这样的结果，因为这种事本可以不必发生。

我讲这个故事的目的在于鼓励大家把心态放平稳，找工作的时候眼界放大一些，不要把可能的机会拒之门外。你已经认识的人中，特别是好朋友们，不太可能是最适合帮你找到工作的人。**好朋友可以为你加油，但能帮你有所突破的更有可能是那些离你更远、与你在偶然情况下认识，以及不常出现在你日常生活里的人。**这就是为什么我一直强烈建议大家积极对待那些你觉得没什么意思的见面、对话和推荐。我个人深有体会，不太熟悉的朋友给我带来了惊喜。我是被一位点头之交招入 Twitter 的，这个人我认为可以归类为我的弱连接，我和他有一位共同的朋友，每年见面的机会不超过一次。去 Twitter 工作后，我通过自己的方式回馈了这份善意。我也向他推荐了我的 5 名弱连接人，都是我刚认识的人或是了解不多的人。这几个人后来都被录用了，我希望他们日后也会用这样的方式来继续传递善意。

人会离开，但人际关系会留下

在硅谷工作的那些年重塑了我认知，我认识了人际关系网和弱连接的价值，并反复在实践中检验。随着时间流逝，我对这两件事的必要性越发深信不疑。在《硅谷搅局者》（*Troublemakers: Silicon Valley's Coming of Age*）①一书中，历史学家莱斯利·柏林（Leslie Berlin）的描写正道出了我的心声。她说，硅谷有些具有世界性影响力的公司，"其建立的基础是个人联系和合作关系，这个基础超越了具体的公司、行业和世代"。我要补充的是，人际关系网的一个组成部分是那些你不太熟的人，随着时间的推移，他们会融入你的个人生态系统，反之亦然，你也会成为他们生态系统中的一部分。

---

① 莱斯利·柏林以一个特殊历史时期（1969—1976 年）为起点，首度揭秘硅谷从 0 到 1 的崛起历程和鲜为人知的篇章。该书中文简体字版已由湛庐引进，四川人民出版社于 2019 年出版。——编者注

不过，你不需要为了结交人脉跑到硅谷来，更不用专门来这里找弱连接。30年前的硅谷可能在人脉建立和工作流动性上具备独一无二的优势，但今时不同往日。2015年一项针对领英用户求职方式的研究显示，如今美国的工作环境大体具有以下特点：在软硬件制造、无线电、游戏、管理咨询、电影和金融等行业里，越来越多的员工都是通过在职员工的推荐被招聘入职，而不再仅仅依靠简历。研究报告说："无论你是希望加入一家成长中的初创企业还是希望加入一家成立已久的公司，人际关系都会带来决定性的影响……无论公司本身规模是大是小，他们招聘的人里，来自员工人际关系的人选占比都是大致相同的。"

1985年，初到旧金山的我在一家计算机刊物找到了工作，算是加入了计算机新兴行业。一开始，我根本想象不出这份工作的样子。伴随着个人计算机的迅速普及，出现了海量的计算机刊物，有些刊物几乎是在一夜之间出现的。我很快就认识了不少人，有些人是强联系，有些是弱连接，但都推动了我人脉资源的增长。当时，科技行业是个年轻的行业，它的发展受到三大因素的影响，到今天，这三大因素的影响力也在其他越来越多的行业出现了。

- **工作变动频繁**。在那段个人电脑迅速普及的疯狂日子里，我第一次发现有些同龄人换工作甚至是变更工作行业的频率都超出了我的想象。我的父母成长于大萧条时代，他们对成功的定义就是找一份稳定的工作，每年有两周假期，逐级加薪。我妈妈的职业生涯更是稳定得出奇：她为一家机构服务了35年，退休待遇相当不错。父母都向我灌输稳定的重要性，但在我的世界里，与不稳定相关的反倒都是成功案例。埃森哲咨询公司2013年发布的一份关于硅谷科技公司员工跳槽频率的报告显示,尽管就全美平均标准来说,这些员工都对雇主表现出较高水平的忠诚度,但他们对同事的忠诚度水平甚至更高。报告说:"公司的名头在某种程度上只是一个锦上添花的东西,因此人们可以无压力地从一家公司换到另一家公司。硅谷人的工作模式更像一个个独立承包商,接过这项任务后就再接下一个。这种模式让硅谷的人才具有高度的流动性。"

- **人际关系持续发挥作用**。在硅谷,你会看到公司的不断发展(并购、破产、开设子公司),公司的发展让在这里工作的人们有机会发展自己的人际关系。人际关系是一个人在硅谷工作必备的"硬通货",并且会受到企业评判:她的人际关系好吗?他是否拥有很多优质的联系人?技术行业的环境让你必须做到这些基本事项:关注为竞争对手工作的人;掌握公司动向;雇用你认识的人;被认识你的人聘用。除此之外,你还要帮你欣赏的人向前迈进,不管你到底能帮到什么程度。要做到这些,都离不开人际关系。埃森哲的研究还指出:"培育人际关系并参与其中,塑造了硅谷的合作氛围……在这里,与公司内外的同侪建立关系对成功的重要性,要比其他任何地方都高。因此,你也就明白为什么许多人在找工作时更依赖自己的人际关系而不是猎头推荐了。"

- **技术不断更新**。1965 年,英特尔的联合创始人戈登·摩尔(Gordon Moore)对计算机运行速度和容量的增长提出了一个深刻的见解,后来成为著名的摩尔定律。科技记者兼作家约翰·马尔科夫(John Markoff)[①] 观察到,摩尔定律意

[①]《纽约时报》高级科技记者、普利策奖得主,著有《人工智能简史》。在书中,马尔科夫重新定位了人与机器的关系,《人工智能简史》是目前机器人与人工智能领域颇有力度的深思之作。该书中文简体字版已由湛庐引进,浙江人民出版社于 2017 年出版。——编者注

味着"任何事物的稳定性稍纵即逝，没有任何技术能够不被取代……如果你没有在所谓的'互联网时间'上运转，你就已经落后了"。当然，自从摩尔定律被提出以来，技术的不断发展影响到了每一个行业，没有人能够仅靠过去的关系和专业知识就高枕无忧。快速适应和学习新技能显得更为重要，这意味着我们要结交新朋友，要从更多新人、更多背景多元的人那里寻求指导，这种需要比以往任何时候都更加迫切。

内向者这样社交更有效　TAKING THE WORK OUT OF NETWORKING

发现你的弱连接

以下是我列出的我的弱连接清单。当然，你的清单里可能会出现形形色色的人选，但覆盖的领域范围大小应该差不多。我的清单中包括下面这些人，但不限于他们。

- 我雇用过的人，我没雇用的人。
- 我曾经的下属，我的前主管。
- 前同事。
- 通过共同好友认识的人。
- 共同参会的人。
- 有共同职业兴趣的人，对于我来说就是关系比较好的写手、作家、编辑。
- 早年的网友（老朋友之间有种特殊的纽带）。
- 通过社交媒体认识的人。

- 大学时代的朋友和校友。
- 我尊敬的记者。
- 之前的咨询客户。
- 和我一样的爱狗人士。
- 一起做公益的志愿者。

希望你不再把联系人视作一堆乱七八糟的人名，事实并不是这样。身边的人变来变去，我们也在不断建立、培养、搁置不同的人际关系，从中可以反映出我们如何经营自己的生活。**培养一张由你已经认识的人、曾经认识的人和希望认识的人组成的人际关系网，让这张网给你提供稳定的弱连接，这样你就永远有人可以求助。**

TAKING THE WORK OUT OF NETWORKING

内向者的社交法则

1. 重视那些活跃在我们不熟悉的领域中的不熟悉的人,他们的认知、人脉和专长可以帮我们打开另一扇门。
2. 没有人仅靠过去的关系和专业知识就能够高枕无忧,快速适应和学习新技能比以往任何时候都显得更为重要。
3. 培养一张由你已经认识的人、曾经认识的人和希望认识的人组成的人际关系网,让这张网给你提供稳定的弱连接,这样你就永远有人可以求助。

TAKING THE WORK OUT OF NETWORKING

第 2 部分
内向者如何在线上社交

人类渴望关系、需要关系，而互联网就是最便捷、高效的联络工具。

——丹尼尔·韦茨纳（Daniel Weitzner）
麻省理工学院互联网政策研究计划负责人

TAKING THE WORK OUT OF NETWORKING

第 5 章

将个人生活和职场生活融合起来

真实感是
社交的一种新型凭证,
我们消耗它、
分享它,并储蓄它。

———
TAKING THE WORK
OUT OF NETWORKING

第 5 章　将个人生活和职场生活融合起来

> 我们应该把自己看作一个完整的个体，而不是将自己分裂成几百万个孤立的小碎片。
> ——丽贝卡·弗雷泽-斯瑞尔（Rebecca Fraser-Thrill）
> 心理学教授

之前，人们还会在简历上加一两句对兴趣爱好的介绍，以此让招聘者知道自己在工作之外的个人生活。他们背后的逻辑是想向未来可能一起共事的人展现自己的另一面。而如今，除了查询教育背景和职业经历，招聘者想了解求职者的方法就太多了，他们不光可以查阅求职者的社交媒体账号，浏览主页上的资料，还可以通过求职者可能使用且可以被查到的其他网络平台来了解求职者。

就像科里·费尔南德斯（Cory Fernandez）在一篇发表于美国知名商业杂志《快公司》（*Fast Company*）上的文章中所写的："在工作和个人生活之间找到平衡是一件棘手的事，除了表达专业观点外，在社交媒体上我们还会分享搞笑表情包、与朋友互动。"没错，的确有些棘手，不过我认为是时候改变"个人生活和职场生活要泾渭分明"的旧观点了。而且，招聘者希望能了解求职者能否与现有团队融洽合作，能否带来不一样的东西。

我在面试新人方面有多年经验，非常理解这种想法。团队中的合作共事并不等同于团队成员的"文化契合"——这个词越来越不受欢迎，因为它差不多是"要雇用和我们一样的人"的同义词，这种做法显而易见会遏制团队的多样化发展。很少有人会愿意与满脑子只有工作的机器人共事，我们喜欢的是那些愿意把自己的热情与兴趣展露出来的同事，这样一定会更有趣。

行笔至此，我完全可以想象到读者们被冒犯的样子："我的个人兴趣不关你的事！我讨厌这种必须毫无保留的文化！我很注重个人隐私！"请耐心听我说，因为我现在要告诉你的都是来自企业人力资源管理者的第一手消息。我曾向一家大型安全软件公司的人力资源总监罗丝玛丽·范托齐（Rosemary Fantozzi）询问她对"文化契合者"的看法。她告诉我，他们的专业圈已经从寻找"文化契合者"逐渐转向去寻找"文化贡献者"了。所谓"文化贡献者"，指的是可以通过发掘自己的深层价值让现有团队文化更加丰富的人。用罗丝玛丽的话来说，"员工的最优表现 = 个人价值 + 个人技能 + 公司业务所需"。这种将雇员视作贡献者的视角对于内向者来说非常友好，因为内向者也能得到展现自己价值的机会，并且不需要过度分享。我作为内向者也有很多只属于自己内心的东西，在职场上更是不容易敞开心扉。但我会告诉自己，适度分享一些自己的个人观点和兴趣爱好有助于人际关系的构建，所以个人生活和职场生活需要有适当的融合。在这个过程中内向者不会失去主权，这是完全可以控制的事情，随着时间的推移，它会带来多方面的帮助。

在一篇发表于2017年的文章中，教育家克丽·加拉格尔（Kerry Gallagher）提到了如今很多人都在努力跨越的"社交媒体门槛"（social media threshold）。她在文章中举了那些努力完成个人生活与职场生活的融合的教师做例子，与我在上文中的阐述颇为类似：

- 教师之间的关系始于网络，但这种关系"非常真实"。他们

- 通过社交媒体相互激励,时不时会在学会上碰面,这让他们得以分享"好朋友间才会分享的非专业信息"。
- 这些教师会关注彼此的社交账号或交换联系方式。
- 从职业的层面来看,如果收到别人分享的文章、有价值的信息或他们的学生取得的成就,教师们"会特别兴奋,忍不住通过个人账号再分享出去"。

加拉格尔是马萨诸塞州的数字学习专家,也是一位为家长和教师提供安全和隐私提示的非营利组织的 K12 教育主管。她说:"我们大部分人都在社交媒体上关注了家人、学校朋友、邻居朋友、同事等不同类型的联系人,属于某一群体分类的某人,往往也属于另一个群体。我完全支持你把自己的成功时刻、奋斗经历、经验教训,以及在这一过程中获得的优质资源分享给大家。"

不要呈现一个完美的"假"人

到现在,各大社交媒体都已成立十几年了,在不到一代人的时间里,我们几乎跨过了那道个人生活和公共生活之间的鸿沟。如今我们不会排斥在远离家人和朋友的圈子内分享观点、想法、笑话、照片和新闻。苏珊·埃特林格(Susan Etlinger)是一位行业分析师,她撰写的文章多关注技术对人的改变。她的观察是:"过去我们的交流方式非常有限,不管是面对面的交流还是在线交流,那时候的个人生活和职场生活之间有着更加明显的区隔。而如今,网络将公与私变成一个统一整体。"

用户数量庞大的 Facebook 让人难以忽视,它是第一个基于"人们会分享故事和信息"这个理念而建立的大型社交媒体。它的成功也是今天的我们养成了向越来越多的人展露个人信息的习惯的一大关键原因。信息的接收人群已经远远超出我们身边人的范围。①

我们希望通过各种各样的社交媒体来实现对个人和职业表达的控制，无论我们各自喜爱的东西有多大不同。在后文，我将更深入地介绍几类社交媒体，以及充分利用它们的方法。

我们习惯于通过不同的媒介分享为之感到快乐或痛苦的事物、家庭照片、认可或批评的态度，这些做法已成为常态，即使是手握权力的高管、政治家、名人和其他公众人士也是这样的。影视圈的大制作人珊达·莱梅斯（Shonda Rhimes）在 Twitter 上称赞了 2018 年审判连环性侵犯拉里·纳萨尔（Larry Nassar）的法官；比尔·盖茨在 Facebook 上与关注者分享他最爱的新书中的某一章。

还有很多大企业高管开始分享一些放在过去会被认为太过私密的事情。2016 年，时任制药巨头诺华公司（Novartis）北美地区负责人及总裁的克里斯蒂·肖（Christi Shaw）宣布辞职，她最初说是由于"个人和家庭原因"，但她很快就发现，这个常用的辞职理由被解读为"她被解雇了"。于是她公布了更多细节：她的姐姐患有骨髓癌，需要接受临床试验，必须有人全职看护。2015 年，谷歌首席财务官帕特里克·皮切特（Patrick Pichette）在任职 7 年后也公开宣布他

---

① 在我写作本书的 2018 年春季，Facebook 遭遇了它成立以来最严重的公关危机，几乎每天都有新的消息披露该公司在第三方访问用户数据方面的政策。Facebook 在未经同意或未采取必要的安全措施保护数百万用户隐私的情况下，动用了用户数据。关于以技术为基础的大型公司如何以特殊的营销目标为理由而收集用户数据这一话题，人们长期以来都在进行讨论，而 Facebook 的这件事需要从法律和政策的角度进行深入严肃的探究，超出了本书能够讨论的范围。目前的状况是，我们对公私界限的理解比以往任何时候都更加模糊。

即将离开公司。他的原话是："我再也没有办法继续告诉我的妻子塔玛,我们还要再等等才能背包上路。我们想用这种方式一起庆祝共同度过的25年,希望翻开新的一页,能在中年危机中也感受到幸福和美好。"

Facebook前首席运营官谢丽尔·桑德伯格(Sheryl Sandberg)在丈夫戴夫·戈德伯格(Dave Goldberg)意外去世后多次公开分享过自己内心经历的伤痛。类似的还有Facebook创始人马克·扎克伯格,他也公开吐露过他在妻子流产3次后与她共同承受的痛苦。持怀疑论的人也许会认为这两位大权在握的企业家只不过是在作秀,但我要说,他们选择公开讨论这样极其私人的话题,是在创造一个将个人生活和职场生活相结合的时刻。

当然,身处公众视野中的人在分享工作以外的生活经验或个人观点时,面临的风险可能的确要比普通人小一些。即便如此,各种身份的人都在发帖分享自己的个人经历和生活变化,其中大多数的分享都不是多么了不起的大事。既然要把个人生活和职场生活融合在一起,那分享的自然更多的是有关日常活动、心情感悟和生活趣事的内容。

你也许本能地回避在社交媒体上分享个人生活,你不希望有一丁点儿隐私被看到,或者你希望对外保持完美无缺的形象,但也许这样做反而对你不利。你将没有标志性的、令人感到有共鸣的特征,这样的你可能在一些人眼里完全不真诚。其实,内向者或者其他倾向于保护个人隐私的人,也能在展示内在自我这方面找到一个合适的中间值。

我的前同事蒂姆·菲舍尔(Tim Fisher)最近越来越体会到为什么要把个人生活与职场生活相结合。他在业务拓展和客户体验战略领域深耕多年，是这方面的专家。他告诉我："我心里很难迈过那道坎，很难把个人生活和自己的工作混在一起。我就是不想和在生活中认识的人产生对公性质的联系，如果合作没有达成，朋友也没得做了。我还担心我推荐的是他们不感兴趣的东西。想到这些，我的心理负担更重了。"

起初，蒂姆将个人生活和职场生活分得很清楚。但随着他的职业人脉不断增长，蒂姆发现他越发不能明确定义自己的几百个联系人了。他说："有很多是和我一起工作过的人，或是我的客户，这些人有个特别的分类，大概可以叫'工作上的朋友'。我和这类人不会经常聊天，而且说实话，我知道我们也许永远不会再像以前那样并肩作战。"既然蒂姆的许多友谊都是从工作中发展而来的，那他"不与朋友做生意"的原则还成立吗？他开始思索，如果和人们划清界限，不与他们进行更深层次的联系，那又为什么要大费周章地建立并维护关系？直到蒂姆入职了一家新公司，他才正式开始充分挖掘人际关系网的潜力，并加深彼此间的联系。

现在，蒂姆重新定义了"工作上的朋友"，他说那是"一大群认识我、信任我、尊重我的人，这些特点正是人们希望在商业伙伴身上看到的。人们希望能找到自己认识的人、喜欢的人和信任的人，雇用他们或与他们合作"。对于自己思想上的变化，蒂姆的总结是："我花了一些时间才放弃原来的坚持。现在，当我想获得新资讯时，我会先去找工作上的朋友。"

蒂姆的感悟与当今个人生活和公共生活捆绑得越发紧密的趋势相契合。如今，如果一个人还是固守着自己的专业形象，反而显得有点不真实。你可以与社交媒体上的联系人没有太深的交情，但你不用太介意下面这些内容出现在你的消息动态里：度假照片、婚礼照片、孩子的事情、毕业典礼、家里新养的宠物或宠物过世的不幸消息，还有那些得到新工作或晋升的消息。

分享多少由你决定

安·汉德利（Ann Handley）是一名长期从事营销培训工作的作家，她撰文描述过这样一种情况："人是要和另一个人，而不是和面目不清、没有灵魂的物体做生意的。难道你不希望能有一个机会，让你在网上的联系人或客户把你当成现实中的朋友或同事来了解吗？"安本人就主动通过自己的两个社交账号平衡工作与个人生活。在这两个账号上，她分享的东西各不相同。

我在写作这本书的过程中曾经采访过安，她说她在其中一个账号发文时总感觉脑海中有另一个声音在问："我说得够明白吗？"这个账号不只代表她个人，还代表一个品牌、一份服务和一个团队。对于个性化表达，她认为社交媒体的本质及核心价值之一就是展现出人的多个面向和多个层次。

我又问安，她会给那些对暴露个人生活有顾虑的人什么建议。安说："把自己打造成独立的个人品牌，但不要真的把自己推到台前。前者意味着你把自己展现为一个活生生的人，有自己的观点、脾气、个性；而后者却是展现自己私密的一面，分享过分具体的细节，具体到让你失去与更广泛的人群建立连接的机会。"我知道，读者中一定有人在听到把自己当成"品牌"这种说法时汗毛倒竖，如果你不喜欢，那就不用这个词。只是你仍然要想一想，在不把自己暴露太多的前提下，分享些什么能让自己看起来更立体、有趣。认真思考后再行动可以提升个人声誉，而好名声一定会带来更多机会。

我们每个人都要搞明白现实和想法之间的界限在哪里。安说，她通过自己在社交媒体上的努力，在现实世界里也收获了一个好处。她经常到处旅行，去各地做演讲，不管去哪里，当地都有她的一群粉丝。这些粉丝都是她社交账号的关注者。她把这种先在网上认识，然后再见到真人的现象叫作"预先结盟"（pre-union）。

内向者这样社交更有效

让自己再放开一点点

很多名人都是过度分享型人士，一想起他们，我们也会感叹如今真是一个 TMI[①] 时代。但既然社交媒体本来就是为人所用的，在线上多表现的同时，你可以不用担心太多。在这个过程中，你留给别人的印象将被填上新的色彩，增加更多深度。这里有一些方法可以帮你展现更多元的自我，你可以试一试，一定不会给你带来太多压力。

- 发一些有关宠物或度假景点的照片。如果你愿意发关于孩子的内容，小孩的照片也属于这一类。
- 用一个标题描述你喜爱的事物，比如，你喜爱的运动队、引人遐思的风景、艺术品或座右铭，以及你喜爱

[①] TMI 即 too much information，原为追星族之间的用语，现在用来指代"太多不必要的具体信息"。——译者注

的书籍、作者、音乐和电影。
- 提及你热衷的公益事业，请求人们的捐款支持，包括慈善活动、支援紧急物资和志愿者计划等。
- 分享背后有一段故事的老照片，可以是你自己的照片，也可以是你所在的城市或村镇、你喜欢的小玩意等的老照片。

真实感是社交的新型凭证

今天，我们的公众形象不仅在招聘者面前一目了然，在许多人眼里也是暴露无遗的，比如你的竞争者、公司领导、执法者、老同学或偶然对你产生兴趣的人。在社交平台上找到别人的账号、关注他们在做的事情、确认彼此间的关系，几乎是我们很多人的一种本能了。在美国18～75岁的人群中，完全没有任何网络足迹的人比以往任何一个时代都少。2018年1月，皮尤研究中心（Pew Research Center）的一份报告显示，美国18～29岁的人使用社交媒体的比例是88%；30～50岁年龄段的这一数字是78%，50～64岁则是64%；即便是65岁以上的人士，也有37%是社交媒体使用者。

人们不想在网上被太多人发现的合理原因有很多，哪怕是在职场类的平台上也有人不想被认出来。但同时，你要想明白"不被发现"带来的后果是什么。你出现在别人面前的次数越少，你被想起的可能性就越低，被人提及的频率也更低。虽然有些事情的确不适合对外说，如你与征信公司之间的摩擦，但我举双手支持适度透露个人信息。你可以自己定义"适度"所指的范围，并且像你决定自己的职业方向一样决定自己想透露什么。这样一来,你在别人眼中的样子会更立体,这样的人会受到欢迎,社交也正是在这样的过程中开展的。比如,无论你已经加入了一个团队,还是要在初创企业中参与团队构建工作,确认你的经理喜欢徒步还是喜欢下厨总是有好处的。

个人视角和公共视角的融合正是社交生活的一种全新真实体验,它也强化了这个观点:人并不是一些碎片的总和。**真实感是我们要通过在社交媒体进行自我表达获得的新型凭证,而这种凭证是我们都要消耗、分享并再储蓄的东西。**要做到这些,我们需要肯定别人的发文并评论回复、为他们的成功喝彩、支持我们共同信仰的事业,或为他们的失去表示哀悼,现实的世界里一定会发生这样的事。如果你不敞开心扉、完成一定程度的自我表达,你就会失去这类让人际关系得到发展的机会。

社交真实感能够成立还有赖于我们越来越喜欢在线上分享,分享的范围也越来越广,比如看的电影、阅读的书籍、去旅游的地方及当地的特色。我们已经逐渐习惯了在线上阅读、写作,并寻找与我们所关心的事物有关的意见和评论。我们可以找到讨论任何话题的网络群组,也可以通过网络联系彼此,讨论医疗挑战、社会公益或日常生活等话题。

在面对面的交流中我们可以把控自己要分享的内容,如果在线上交流中也能做到这种把控,那这两种交流就真的没有太大的区别。换句话说,线上社交会带来好处,但一定要小心谨慎。在你分享喝遍各色酒吧的体验或是告诉别人你是如何参加狂热的政治集会前,请务必三思。在现实生活中,我们能决定展露给外界的东西,还能决定在线上所分享的内容和表达的程度。线上和线下之间并没有一个清晰的界线,这也是社交真实感的一种体现。界限模糊会带来便利,但也要求我们有恰当的应对方式。总而言之,你分享的合理信息越多,你得到的就越多。这道理在个人和职场生活中都同样成立。

第 5 章　将个人生活和职场生活融合起来

TAKING THE WORK
OUT OF NETWORKING

内向者的社交法则

1. 将个人生活和职场生活适当融合，这是我们完全可以控制的事情，我们并不会在这个过程中失去主权。随着时间的推移，它会带来多方面的帮助。
2. 社交媒体本来就是为人所用的，完全回避在社交媒体上分享个人生活，只会导致内向者没有能被识别的特征，也没有令人可以共情之处。
3. 人并不是一些碎片的总和。通过在社交媒体进行自我表达获得的真实感是社交的一种新型凭证，我们需要消耗它、分享它，然后再储蓄它。

TAKING THE WORK OUT OF NETWORKING

第 6 章

让社交媒体为你所用

认识你在真实生活中
不认识的人，
和他们做朋友、做生意。

———

TAKING THE WORK
OUT OF NETWORKING

第 6 章　让社交媒体为你所用

> 互联网让我们可以进行一对一的沟通，提供了建立新的人际关系的可能，并为探索、学习和分享创造了无限机遇。如果我们不想分享，就不必分享。最棒的一点就是我们有选择的余地。
>
> ——萨拉·格兰杰（Sarah Granger）
> 作家

在前面的章节里，我们讨论了将个人生活和职场生活融合起来的方法，特别强调了如何在线上做到这一点，以及如何以你感到舒适的方式实现融合。我的经验告诉我，**如果你擅长在网上交流，你就能创造更多有意义的连接**，而不必依赖有限的面对面交流。你可以认识你在"真实"生活中不认识的人，和他们做朋友、谈生意。这里给"真实"加引号的原因是线上生活其实已经越来越成为我们生活的一部分。在这一章里，我要介绍一些用来发展或强化我们在网络上的松散联系的具体方法。现在，就让我们深入到不同的社交媒体，了解它们提供的多样化方案，了解它们如何既帮你行之有效地与已经认识的人保持联系，又能与你希望认识的人建立连接。

互联网一直在邀请我们通过网络进行探索、学习和分享，并通过这些行为与他人建立连接，这堪称最适合内向者的一种方法。你可以舒服地坐在书桌前、餐桌旁，或是去你最喜欢的咖啡店，在这些地方与你未来的雇主相遇或与以前的同事重逢，为接下来的工作收集信息，按自己的方式与你感兴趣的领域中的人士联系。我过去 20 多年在网上的经历印证了这种价值的存在，我通过网络积累的人脉仅凭线下活动是根本不可能实现的。今天的社交媒体更是可以被每个人所用，特别是我们这些周六晚上更愿意待在家里的人。

我每天的写作和咨询工作通常通过这些方式展开：收发邮件、在网上搜索信息、进行视频通话、浏览社交媒体、回复私信、调研、发短信。这不仅是我工作的方式，也是我和人们联系、获得新知、分享和问候的方式。你至少也做过一两件这些事情，或者绝大部分都做过。这一章的内容可以帮你通过这些行为更有效地与他人建立连接。

我在前文提及的行业分析师苏珊·埃特林格曾就技术对人的影响写过一篇文章。在文中，埃特林格说："在 Facebook 上，人们的交流在刚开始时就像加入了一个谁都不认识的派对，带有一种试探的性质。"随着加入的人越来越多，我们适应了这种把各种内容混在一起进行分享的方式：有个人消息和照片、有新的工作和生活动态，还有政治观点和公益项目。接着，我们从旁观走向了全情投入、大方表达。这已经是一个不争的事实：今天的我们已经习惯将个人生活推向公众。个人生活的很多方面都是面向公众的，这两者融为一体。

你可以根据自己的喜好和习惯选择社交媒体。在这一章，我会详细介绍其中的 3 个：领英、Twitter 和 Instagram。选择它们的原因是它们不需要用户和用户展开一对一的关系，每个人对其他人来说都是一个所谓的不对称网络（asymmetrical network）。这种设计逻辑意味着你既可以与已经认识的人进行非正式沟通，也可以认识新的人，查看他们的帖子、照片、评论，并给出回应。你不必认识你正在寻找或关注的人；你可以在没有直接联系过对方的情况下去关注他或者回复他的消息。我们会发现，遇到的每个人都可以带我们走出熟悉的环境，让我们通过新的联系人轻松地进入新领域。

3个社交媒体中时间最久的是成立于2003年的职场类社交媒体领英，领英旨在帮助人们建立自己的职业人脉圈，为事业发展助力，而且它也真的做到了这点。实时社交媒体Twitter则诞生于2006年，每个使用者会因为关注的人不同而获得不同的使用体验，因此在Twitter上你很容易就能找到和自己志同道合的人。最年轻的是Facebook旗下的视觉社交媒体Instagram，它开发之初的目的是让使用者发布照片和其他图像，因此Instagram提供海量的视觉内容。Instagram在创意工作者和明星间非常有人气，一些希望能发布视觉内容的组织和消费品牌也喜欢用它。

让我们通过深入了解这3个社交媒体来理解不同类型的人脉构建策略。从而更好地利用各类社交媒体和很多你认识的人、想认识的人，以及应该认识的人保持松散联系。

职场类社交媒体：职业发展的辅助工具

领英是将求职者和雇主联系在一起的专门性职场类社交媒体，是同类社交媒体中规模最大的。它的建立就是以人脉构建为目的："如果你信任的20个联系人中每个人都把你与他信任的20个人联系在一起，理论上你就能联系到15万名专业人士。"领英的特点是能帮助你展示自己、认识别人。不管你是想找找新机会、查阅推荐信息，还是想找到"你可能认识的人"（领英给用户推荐弱连接的功能就叫这个名字），抑或是做所有这些事，领英都能提供高质量的服务。正如领英创始人里德·霍夫曼（Reid Hoffman）在2009年接受采访时所说："人们需要与他们不认识的人交谈才能完成工作。"这里的"工作"指的是建立连接，雇用别人或被别人雇用，然后合作共事。

领英最适合做什么

- 与你认识或共事过的人建立连接。
- 被引荐给你想认识的人。
- 通过帖子和文章分享你的专业想法。
- 参与专业讨论。

苏珊·埃特林格是这样说的:"一开始,人们使用领英都是为了关注像维珍集团创始人理查德·布兰森(Richard Branson)和比尔·盖茨这样的大人物;而现在领英更适合用来寻找'普通'人——我可以从我不认识的人那里学到很多。"领英目前在全世界有5亿多名用户,这些看重职业发展的人实际上已经将领英变成了一个用于建立连接、寻找工作机会、进行行业研究、提升个人形象的工具。他们还会在领英的群组中与具有相似职业兴趣的人会面。来自皮尤研究中心的报告显示,拥有大学文凭的美国人中使用领英的人高达50%。

公司在领英上发布工作机会是要付费的,他们会在这里寻找候选人,并对候选人进行筛选。因此我们可以确定那些发布职位的人会一直在领英上活跃,且有可能看到我们的简历。领英也会告诉你哪家公司浏览了你的主页,他们的身份也许能启发你去思考有什么人需要认识,有什么新机会需要关注。

总的来说,在求职类社交媒体上最好活跃一些,你要持续关注新动向并微调自己发布的内容,让别人看到你。可以针对工作成就进行复盘,描述自己的优点和职业预期,也可以随时改措辞、换头像,增删就职经历。更棒的是,在你准备好让别人看到你的新状态前,他们

第 6 章　让社交媒体为你所用

什么都不会发现。

领英的四大核心功能设计都紧紧围绕着"建立有意义的连接"这件事。这四大功能是"个人档案"（Profile）、"领英群组"（Linked Groups）、"发帖"（Posts），以及非常重要的"联系别人"（Connect with Others）。

领英小技巧 1：重视个人档案

我一直强调要注意个人档案的更新，因为领英是商界人士或毕业生等希望进入商界的人士活跃并寻找机会的地方。人们在这里发布招聘信息、雇用员工、提供咨询服务、了解潜在的雇主。就算你现在的工作很不错，或正在学校里过着如鱼得水的生活，你也需要养成至少每个季度复盘一次简历并优化其中内容的好习惯。会有人在领英根据人们描述的专业技能寻找职业顾问、会议演讲者、董事会成员和媒体资源。以下方法可以帮你有重点地更新简历。

- **关注职业概要**。本部分需要特别提及你的职业志向，你接下来想做什么，或者你的特殊技能是什么，以充分展现你的才能。就算你现在不着急找到新机会，也不要只是简单概括你现在和过去的工作，而要描述你的目标和你能带来的价值。
- **完善个人档案**。清楚地描述您当前和过去的职责和成就，以便不熟悉你所在行业的访问人能够理解你之前的经验，由此判断你能否在新的岗位上发挥作用。
- **更新并详细描述你最近经手的项目**。包括你发表的任何作品、参会情况，以给人留下印象。如果可以，尽量把你的具体演讲、视频和文章的链接放上来。培养定期更新的习惯，

089

思考自己的职业兴趣并开始发展自己的人脉关系，这会让你受益。

- **经常浏览你的联系人。**确认他们是否和你认识的人有联系，那些所谓的"世界真小"的发现就是在这些时候产生的。

领英小技巧2：职业概要很重要

虽然领英对行文风格没有固定的要求，但你最好可以用对话式的口吻描写相关内容。尤其是在写职业概要的时候一定要注意，这是个人档案的第一段，这也是来访者停留的第一站，这部分内容的作用是让别人以最快的速度了解你这个人。你可以概述你迄今为止的成就，也可以用简练的语言描述你想做的事情。这对任何希望开启职业生涯、更换跑道，或是在休息一段时间后重返职场的人都很有助益。你可以把个人概述看作是向你想联系的人介绍自己的话语。如果你的经历不够丰富，那就花一些时间好好打磨其中的内容，让它能够展现你的能力，并表现出你对自我提升的强烈意愿。这一点也是你必须表现出来的！

这里有几个我朋友的例子，他们写职业概要的水平很高，虽然风格各不相同，但是这些职业概要都能迅速传递出写作者的技能和兴趣所在。

> Hedgehog+Fox创始人。Hedgehog+Fox是一家战略传播咨询公司，提供PR战略、媒体和视觉展示方面的培训和咨询服务，以及执行层面的领导力思维发展训练。我们将人性带进复杂的企业，帮助创始人和管理层通过真切可感的信息维护好与股东的关系。
>
> ——凯特·梅森（Kate Mason）

第 6 章　让社交媒体为你所用

30 年前，没有人愿意在没见过面的情况下购买别人设计的 B2B 软件，在那时，我设计并建立了甲骨文公司的内部销售组，如今它已经成长为一个价值数十亿美元的全球化销售组织。现在，我作为 Reality Works Group 专家团队的一员，帮助公司设计未来的创收业务。

——安妮克·塞利（Anneke Seley）

规划师，讲故事的人，助力改变发生的人。我擅长定义品牌的战略和标识，然后通过参与故事讲述、打造身临其境的体验和互动环境等独特且鼓舞人心的方式将其完成落地。策略和设计的交叉地带就是我的最爱……我喜欢创造新事物，包括新的品牌、新的团队、新的产品、新的方案和新的工作方式。

——凯茜·吉尔（Cathy Girr）

一个活力满满、充满激情且具有丰富经验的专业财务工作者，擅长中小型企业财务健康管理和系统设计、改造。

——南希·登特（Nancy Dent）

文化领袖，在领导非营利组织和推动公平变革方面有几十年经验。

——德博拉·卡利南（Deborah Cullinan）

热衷于探究技术如何改善人类的生活，因而加入了 Twitter、优步和 Stripe，在这些公司就职期间我积累了产品管理、产品营销、销售管理和业务出海等领域的经验。曾在斯坦福大学攻读本科和 MBA 学位，并当选梅菲尔德学者

（Mayfield Fellow）和斯坦福商科女性协会（Stanford Women in Business）主席。热爱语言，人类交谈的语言和编程的语言都爱，所以我上过8门语言课——包括法语和C++。

——埃米·萨珀（Amy Saper）

尽管这些职业概要的内容各不相同，但它们都全面介绍了作者的能力和兴趣。我想，在读过它们后你大概已经产生了想深入了解这些人的想法。他们的职业概要表现出他们独特的特质，让人想要读下去。

领英小技巧3：工作经历很重要

工作经历就是在职业概要下面按时间顺序列举你的职位和工作内容的部分，形式和简历类似，你要用概括性的语言描述自己的岗位和职责。在描述每段经历或每个项目时，语言一定要精练，纳入所有可量化的工作项目。这里有几个不错的例子，可以看看这些人是如何总结自己的工作成就的。

负责全流程跟进20多个国家及地区的2000名员工（占全公司的17%，这个数字仍在增长中）的人事工作。

——罗丝玛丽·范托齐

负责一系列谷歌产品的早期孵化和合作关系。在4个国家领导了100多项战略关系发展和外联访问。

——玛丽·格罗夫（Mary Grove）

完成公司以移动互联为主导的全球网站设计，使产品页面流量增加了 41%，转化率提高了 2% 以上。

——斯蒂芬·福克斯（Stephen Fox）

还有很多工作难以量化，如果你没有什么可以量化描述的内容，那就明确写出你的职衔及擅长的工作内容，这样可以让你的工作经历脱颖而出。下面有一些简洁清晰的好例子。

负责专业资源中心的视觉体验和用户体验再设计，领导团队进行若干启动页面和功能页面及各种接触端创意的开发。

——布莱尔·艾维尔（Brier Avril）

营销和传播专家，帮助创业者进行前期定位、公司命名、市场宣传、上市战略和启动执行。

——阿里尔·杰克逊（Arielle Jackson）

基于在高等教育、金融服务、数字技术和非营利组织方面的经验，我将为您带来全新的视角，通过定性研究方法推进设计和战略目标。

——南希·弗里斯伯格（Nancy Frishberg）

最后，我要大声对刚刚离职的人、毕业生及那些很久没有全职工作过的人说：工作经历中可以把志愿工作、教育项目，甚至那些不太被视作专业工作的经历算进来。比如，你肯定从当服务生的经历学到了很多关于客户服务的知识，为孩子的学校筹款的经历一定也让你领悟到了如何将兴趣转化为有形的支持。好好琢磨一下你最近的经历，把思路打开，想象未来的雇主如何从你的经验中获益。

领英小技巧 4：充分利用群组的作用

群组可以帮你建立连接。虽然有些群有数千名成员，但它也能创造出便于你畅谈的私人场域，可以让你给他人带来启发，同时也让你向他人学习。如果想到符合兴趣的群组，你可以在页面上方按关键词进行搜索。你可以看到每个小组的简介、规模以及你的联系人中已加入该小组的人的列表。其中可能有很多当下热门话题，如"内容营销"或"用户体验"，每个关键词能搜出上千条内容。如果你希望通过加入群组的方式扩大自己的就业选择范围或更换行业，那么职业教练南希·科拉默（Nancy Collamer）的建议是在个人资料中显示你已经加入的群组的标志。她说："如果你正试图改变职业方向，但还没有太多可以在你的个人资料中展示的相关经验的话，那么可以通过这种微妙的方式来凸显你对相关领域或公司的兴趣。"

瑞安·麦克杜格尔（Ryan McDougall）是领英的一名群组产品经理。他告诉我，群组功能创造了"一种共同使命感，而这种使命感的价值在于它划分出了志趣相同的一群人。如果你想对一个人说：'我真的很喜欢这个话题，能否占用你 30 分钟时间？我想和你聊聊……'这样的请求放在群体的语境下，对方会更愿意答应"。

除了众多反映职业兴趣的群组之外，领英还有一大批按行业划分的群组。动手搜索一下关键词，你就能发现自己感兴趣的话题，然后联系到你的同类。

一旦你加入了某个或某几个小组，你的个人资料中就会有这些小组的图标，它们会向访问者表明你在关注的话题。你可以加入小组对话，发表你的想法，分享经验心得，你还可以阅读你欣赏的人发的帖子，从中获得启示。只要你坚持下去，你的努力一定会被看到。

换句话说，群组的功能让你在特定语境下与他人产生联系，也让你通过参与讨论、分享经验、转发有价值的文章、提出或回答问题，建立起别人对你的信任。在一个相对私密的场合里，这有助于你找到可以互相信任的人并扩展人际网络。这种善意的表达也会催生出更多的交流，哪怕对面是一个你没有直接沟通过的人。就像麦克杜格尔说的那样："展开对话的好处是它虽然始于两个人，但很容易扩展到第三、第四、第五个人。人数在增加，对话的价值也在增长。价值的增长最终会体现为新的见解和观点，也可能体现为新的工作机会。"

领英小技巧 5：通过发帖提升自己的被关注度

在领英上，你可以发帖尽情分享自己对行业动态的看法、经验教训、趋势观察和其他专业心得。我前面提到过的行业分析师苏珊·埃特林格对这一功能大加赞赏，她说这是她"用过的相关工具中最有用的"，它是"理想的内容发布平台，提供了基于内容的良好互动可能"，人们可以根据兴趣很好地追踪相关人士的动态。

如果你转载文章，一定要抓住发表评论的机会，也可以邀请你认识的人加入对话。这些邀请和发文会提升你的整体形象和被关注度，反过来，关注度会为你提供获得新人脉和建立新对话的机会。

虽然领英希望你在他们平台上发的都是首发原创内容，但是从其他账号上转载文章也没问题，你可以转载自己或公司的博文和媒体信息页，也可以转载来自杂志报纸等媒体的内容，这些做法都可以帮你获得读者和关注。如果你要转载，最好能添加一段新的点评或背景介绍。这样做有两个目的：第一，让读者们知道这篇文章已经在其他地方出现过；第二，让你在分享之余能和平台上的朋友直接对话，读者们还可能会再次转发。所以，抓住这些可以创造让更多人了解你和你做的事情的机会。

准备好开始写点东西了吗

领英的营销人员蒂罗娜·希思（Tyrona Heath）曾经给想开始写些内容的人开了这样一份思考清单，希望对你有帮助。

- 我现在为什么要写它？
- 我能带来哪些别人不了解的知识、见解或专业技能？
- 在这个话题上我有什么看法吗？是否表达得清楚？我能用什么论据来支撑我的观点？
- 我如何在文章中提及最近的行业动态？有没有什么其他人写的东西可供借鉴？

领英小技巧 6：联系别人

该怎么评估领英上的联系人的重要性呢？和衡量其他很多东西的成效一样，我们要关注的是人脉的质量，而不是只看数量。要建立有意义的连接，看看哪些人的简介、经历和文章会让你心生好奇。

你不需要在收到每个加好友申请时都通过，但是你有必要仔细看一下联系你的人是谁。有些人也许可以成为你人际关系网中的"生力军"；还有一些人也许暂时对你来说没有那么重要，但是未来谁也不确定会是什么情况。我收到陌生人的邀请后会看一下他们的个人档案，还会看看我们有没有共同认识的人。如果我觉得没有加他的必要，我就什么都不会做。有时候需要花一些时间才能发现一个人的价值，我不想太快拒绝对方。

如果你的联系人不多，那就花些时间给你想联系的人写篇个人说明。解释你对他们所在领域的兴趣，或是对他们所在公司的好奇。个人说明可以促使你联系的人决定要不要帮助你，他们也可能反过来对你产生好奇。一篇好的个人说明可以更好地撬动天平，让他们倾向于"同意"的那一边。

在这一类社交媒体上的联系人是靠用户接受好友邀请来维系的，我完全认同这个原则。但我们都知道，由于人们在建立关系的过程中各有不同的目的，邀约的功能可能被滥用、误用。我问朋友他们最不喜欢社交的哪些方面的时候，其中一个人的回答是："会有人莫名地提出想认识一下，还有的人经常让人不舒服，他们给我的感觉是：'虽然我们从没见过面，不过你能帮我做这件事吗？'全然不顾别人需要花多少时间才能帮他做成这件事，也不顾人与人之间需要有真实的联系才能产生意义。"

要建立有意义的连接，可以试试以下这些方法。

- 全面检视你的领英联系人，细致地评估你最熟悉的人是哪些。有时候在联系到你想联系的人之前需要多走几步，你可

- 以一边评估一边补充其他你认为有价值的联系人，如果你能告诉他们你具体希望做些什么就更好了。
- 不要突兀地向陌生人提出让他们帮你联系别人的要求，这就仿佛在说"我知道你是谁，现在我要越过你，去找找更有意思的人"。你要提供一些背景信息作为铺垫，并且表明你明白这些事情需要占据别人的时间和精力。
- 要用有意义的话语作为开场白，哪怕只是简单的一句"我希望对你／你们公司的业务多一些了解"。就像一位产品经理所说："如果要问如何才能通过这类平台达成有效沟通，最行之有效的建议就是'让你的问题像是人类提出的'。如果你想获得一些东西，那么有什么是你可以提供给对方的？先客气寒暄几句绝对没什么不好。一旦对话开启，你就会给别人留下印象，如果他们之后还想了解一些情况，就很容易想到你。这就是建立有意义的连接的方式。"

把原来认识的人和现在的人脉结合起来

我多年的朋友、前同事特拉维斯·卡韦尔（Travis Culwell）给我讲过一个很有意思的故事，他说他曾经通过把领英联系人和自己的人脉结合到一起，找到了一个很棒的新工作。特拉维斯拥有 MBA 学位，生活舒适，有营销和设计战略方面的专长，在做了几年独立咨询工作后，他希望在企业中谋得一个职位。他知道求职可能要花一些时间，所以他那时候一边找工作，一边继续手头的业务，管理客户项目。特拉维斯希望在详细研究过每条职位信息后再决定下一步怎么走。

就在这时，有个招聘者在看过他的领英资料后联系了他，通过这次交流，特拉维斯虽然对这名招聘者最初放出的职位并不感兴趣，但却从交流中得知对方的这家公司正在组建新的业务线，而且这条业务线比他们的核心业务更具探索性，这点燃了他的好奇心。这家公司此时并没有放出相关岗位空缺，但他还是在领英上找了找有什么人可能与这家公司有联系。果然！他找到了前同事玛吉，她在这家公司的母公司工作，而且这家组建新业务线的公司内部有她的一个熟人。特拉维斯说玛吉就是他所说的"高价值、老关系"型的联系人——他们共事多年，一直保持着松散联系。也因为是这样，他可以直接找到玛吉，请她帮忙把他引荐给那家公司的负责人。我喜欢"高价值、老关系"这个说法，它很适合用来描述人脉圈子中的核心成员，也就是那些在你遇到问题时最信任的人，他们大多数是和你"躺过同一条战壕"的人。回到特拉维斯的故事，虽然他和玛吉的关系让他们之间的交流非常顺畅，但玛吉仍然不太确定特拉维斯是否适合去那家新公司工作，而且她很快就要离职了，所以没能帮上什么忙。

特拉维斯接着又研究了其他几个工作机会。几个月后，他浏览领英时看到他心仪公司的规模在逐渐扩大。这一次，他找到了一个和自己有弱连接的人，也是一个已在那家公司工作的人。他们相互认识后，这个熟人立刻就判断特拉维斯和职位很匹配，于是很快推荐了他的简历，然后就是一连串的电话面试和现场面试。最后录用通知来了，特拉维斯确认接受，成功了！说到这里我要提醒你：特拉维斯这次找工作的过程差不多持续了一年，这个过程中他遇到的很多人和很多公司都不在他原来的目标范围内。但特拉维斯并没有为此感到慌乱，因为他知道自己在寻找的是一个非常特殊的机会。

你的求职历程可能不会像特拉维斯的这么漫长，不过他的故事仍然有借鉴意义。他的经历告诉我们，可以尝试让老朋友和随着时间发展新认识的联系人共同发挥作用,并且搞清楚谁可以帮你解决什么问题。领英让特拉维斯可以同步了解公司人员的变化和他自己与这些人的联系,而在线下积累的人脉帮他获取了更多信息并进一步建立了联系。特拉维斯就是通过这样的途径获得了面试机会,入职心仪的公司。

当然,你在建立关系和找工作的时候不应该把领英视作唯一的工具。但因为领英的设计本身考虑的就是如何让求职过程变得更加顺利,因此在这里你更有可能找到可以帮助你的人,也更有可能被招聘者发现。领英的产品经理瑞安特别强调他们的创始人里德·霍夫曼创建这家公司的初心就是为了解决"人才与机会的低匹配"问题,这类问题在不以人脉为前导的求职过程中非常典型。瑞安的观察是,"如果没有领英,那么就只有那些已经掌握了资源的人才能拿到所有机会,然后他们会得到更多资源"。他说领英提供的帮助就是通过"让每个人都掌握多一点点的人脉资源,从而可以随意开启对话,轻松地找到好工作并建立良好的人际关系"来实现的。

实时社交媒体:收集最新行业资讯

实时社交媒体就像一个漩涡,持续不断地产出新闻,这里有所有你能想到的话题的讨论。很多回避使用社交媒体的人都认为这样的媒体让他们困扰:这里有太多关于各种事情的短消息飞逝而过。有人不喜欢上面不友善的评论和可能产生的你来我往的回应;其他人犹豫着不知道如何加入对话、什么时候加入对话。这些我都理解,我自己也有类似困扰,但我还是会被新故事吸引,愿意做信息的"接收器",所以我认为这类社交媒体在让我们紧跟时代潮流方面有着不可替代的

第 6 章　让社交媒体为你所用

价值。这里我以 Twitter 为例，它已成为我与和我志同道合的人进行联系最顺畅的方式，甚至其中有许多人是我只能通过 Twitter 联系的。我在关注他们后可以从他们发布的内容上确定我与他们交流的最佳方式，并通过互相回应来增进彼此的了解。他们有的是我在网上认识的网友，有的可能是我在现实中也认识的人。你可能不太相信 Twitter 能帮你找工作，但是我强烈建议你一定要保持开放的心态。很多招聘者和企业在 Twitter 上很活跃，这也是它能派上用场的原因之一。

Twitter 最适合做什么

- 成为最新鲜的消息来源。
- 通过阅读推文和回答问题，收集讯息。
- 体验集体归属感。

　　Twitter 发展起来后，其最独特的产品特性一直是允许用户发布实时动态。现在你在 Twitter 上可以上传视频、发出一系列表情符号和动图。不过它带来的最重要的改变或优势和《纽约时报》已故专栏作家戴维·卡尔（David Carr）发表于 2010 年的某篇文章中所写的相差不多，那篇文章的标题是《为什么 Twitter 会长盛不衰》（*Why Twitter Will Endure*）。他在文章中解释了自己成为 Twitter 重度使用者的原因：“在固定时间内，我能参与讨论的事情比我想象的要多，我不用为了找灵感在网上耗费半个小时，在星巴克排队买一杯咖啡的时间就能了解当天的新闻和人们的观点。没错，我也担心自己无法再深度思考，但是两相比较，我觉得使用 Twitter 还是值得的。”

我自己的体验也和卡尔先生的类似，相信全世界范围内有很多人也和我们有同样的感受。在 Twitter 上加入话题讨论非常容易，你可以轻松了解当下发生了什么，可以看到有哪些话题正在热度榜上，可以探究这些话题为什么受关注，广大用户对各类新闻有什么样的反应，对某条新闻解读得最好的是谁，哪段音频或视频让你感到激愤或想放声大笑。

虽然这类平台鼓励用户积极地参与讨论，不过我认识的很多人都严格地遵循"只看不发"的原则。他们说："我可不发帖子，但是我看上面的消息。"我觉得这没问题，而且这没准还是更理想的一种做法，尤其在你的工作性质要求你谨言慎行时，或者当你并不想公开发表意见、不想当着大家的面和某个人联系的时候。就我个人而言，我从 10 年前就开始深度使用 Twitter，我对 Twitter 的优点深信不疑。它让人们能轻松地向别人学习，关注新的理念和新的探讨，了解新领域和新机会，从而在现实生活中建立新联系。这就是为什么这类平台可以方便地让用户建立连接、保持联络，这也是其他平台没有办法做到的。我将在本章中从实用角度讲解 Twitter 的使用，帮你把控你的发文内容呈现出的效果。

Twitter 小技巧 1：重视个人资料的作用

不管你是第一次使用 Twitter，还是想要做出更细致的设置调整，个人资料部分有一些问题需要你注意。由于它可以在有限的空间里提供你的多项信息，所以个人资料的表达需要格外注意。你的用户名以及你选择的头像会组合起来出现在你页面的最上面，它们是你的名片。

- **有技巧地设置 Twitter 用户名。** 你的用户名可以就是你本人的名字，也可以与你的名字完全不同。
- **想清楚你要提什么、不提什么。** Twitter 的个人资料有字数限制，有些人干脆选择只说正事，不过我发现还是有很多人会把自己的个人兴趣和从事的职业或目前所做的工作结合起来。用链接的方式提供更多信息也很好，可以链接到你自己的网站，这样可以把来访者引向你希望他们去看的内容。关键词和话题可以个性一些，用数字营销专家埃琳·布拉斯基（Erin Blaskie）的话来说："重复那种正常的介绍一点儿意义都没有。"
- **慎选头像。** 出现在你名字旁的头像照片也会出现在你发送的每一条推文旁边。如果你想获得一份工作，那最好选一张看上去比较清晰的大头照，而不是一张你冲浪时勇立潮头的照片。画像或者卡通头像也是可以的，我选择的就是一张苏珊·凯尔帮我创作的头像，因为这种更符合我的风格。你的头像要能够代表你，让人们愿意与你对话、交流。

用简短的篇幅描述你自己

你可以从某人的自我描述中了解到很多信息。下面我选择了一些例子，你会看到有幽默的风格，有直截了当的风格，组合使用效果也不错。

@DrDonnaYates：在犯罪学系工作的考古学家。我研究文物盗窃、艺术犯罪、文化遗产和文化现象。对艺术类的相关话题都有兴趣。是移民，也是公民。

@EricaJoy：忘掉安全感，到你所害怕的地方去生活。摧毁你的名声，做一个声名狼藉的人。这是波斯诗人鲁米（Mdana Rumi）的格言。

@RadioKitty：我写下那些能唤醒你的话语。广播节目制作者，尼曼学者。

@GretchenAmcC：网络语言学家，前驻地语言学家，正在写一本捍卫网络语言的书。

@jemelehill：资深记者和专栏作家。在密歇根州长大的底特律土著。

你可以随时对用词、链接和头像这些要素进行修改。把个人简介当成画布，在上面涂抹自己的专属色彩，展现你最近为之疯狂的东西或你长期的兴趣所在。记得每过几个月来看看是不是有什么信息需要更新。

Twitter 小技巧 2：用心排列你的关注名单

你的 Twitter 使用体验主要由你关注哪些人决定。从你关注他们的那一刻起，你就会开始收到源源不断的新动态。Twitter 这类媒体让人感觉奇妙的地方在于，哪怕你和我就坐在一起，我们也会看到完全不同的内容，没有哪两个人的 Twitter 体验是相同的。我是一名重度新闻阅读者，关注了很多记者和媒体的账号，因此我总是能看到很多实时闲聊、评论和新闻。

如果你对新闻动态完全没有兴趣，而是想看萌宠视频、博物馆或是体育界的消息，你也可以找到这样的群组；如果你关注的是公益事业、学术研究或任何其他内容，道理也是一样的。这就是 Twitter 的底层逻辑：这里的内容由你自己设计，完全贴合你的兴趣和需求。如果你刚开始用 Twitter，这里有一些关于关注对象的建议。

- 你喜欢的用户。
- 从 Twitter 上列举"最佳博主"或"某领域的顶级行家"的文章中选择。
- 系统的推荐关注。
- 看看你喜欢的关注人都在关注谁。
- 你的领英联系人的 Twitter 账号。

Twitter 小技巧 3：巧带话题

Twitter 最重要的功能之一源自早期用户克里斯·梅西纳（Chris Messina）的一个建议，也就是在关键字或短语前键入一个标签，让人们可以关注特定对话、突发新闻和现场事件。这种设计深入人心，你可以在 Twitter 上通过独特的标志词来创建和搜索活动、对话以及其他更多内容。

这个功能还可以用来和与会者联系，不管你是正在现场参会还是在线上收看，你都可以通过参加话题的方式进行点评、发送照片、提问，并了解同样关注此话题的演讲者和观众。这是与感兴趣的人建立连接，并在活动结束后与他们继续交谈的好方法。

Twitter 小技巧 4：整理并订阅 Twitter 列表

Twitter 列表可以很好地帮你把关注对象进行分类，你可以按兴趣追踪不同的人。你可以分出一个全部是时政评论员的列表，也可以制作一个只有体育评论员的列表，还可以制作一个用来追踪新书资讯和作者动向的列表，任何兴趣分类都可以。无论你何时查看 Twitter，你都可以选择只看你关注的内容，而不用从一大堆帖子中搜寻。换句话说，你可以轻松地定制属于你自己的内容。

列表能让你按照主题追踪大量消息，并且不再让毫不相干的话题挤在一处，想一想你希望怎样规划这些信息：生活中认识的人可以分作一类，还有你喜欢的演员、公益事业的领袖、你最喜欢的新闻媒体，任何内容都可以，职业兴趣也可以作为一个分类。

看看有什么列表值得追踪，浏览这些有趣的账号的资料，点开看看他们的关注列表，这里面的成员也许有你也感兴趣的。另外，你也可以通过常用的搜索引擎去发现更多别人已经总结好的话题列表。

Twitter 小技巧 5：参加线上聊天

在 Twitter 上参与实时对话既有价值也非常有趣。一个典型的线上会议就好像某个新闻媒体在聊天，这种聊天通常在固定的日期和时间举行，会提前宣传，这样关注者就能知道在什么时间加入。Twitter 聊天是你向他人进行学习、提升专业素养的好机会，也可以利用这样的场合了解有谁是你可以去认识的。

聊天也是有自己的话题的。有些讨论是定期每周或每月进行的，你可以找到很多值得关注的聊天信息。我自己最喜欢的一个话题讨论的是编辑中细枝末节的问题，而且他们的页面还很贴心地提供往期聊天的记录，这也是很好的学习资源。

Twitter 小技巧 6：用好细节功能表达自己

Twitter 瞬间是一个任何人都可以在 Twitter 上创建和发布动态的一个功能。它很有趣，可以用来收集重大消息发生后的各类反应，还可以当相簿使用，记录诸如红毯造型、冠军时刻、电影首映这样的主题。创作 Twitter 瞬间是一种有趣的表达自己的方式，受欢迎的内容会爆火，这样用户就有机会被人记住了。

视觉社交媒体：观看和表达的窗口

Instagram 是创立于 2010 年的图像共享应用程序，它已经成为艺术家、设计师、表演者的精神家园，也是数以百万计热爱创意的人分享艺术作品、生活体验、旅行经历和其他各类照片和视频故事的地方，在世界范围内具有强大影响力。它让我们可以更容易地发现那些我们没有直接联系过的人。这在某些场景下尤其有用。

与领英和 Twitter 不同的是，Instagram 不太适合进行连续对话和发布较为严肃深刻的文字内容。对于想全面了解空缺岗位或希望正式申请某一岗位的人来说，它也不是很好用，因为求职完全不是它创立的目的。

我在这里介绍 Instagram 是因为它在从事创意工作的人士间太受欢迎了，他们可以在这里展示自己的作品，并和其他从事视觉创意工作的人建立连接。所以，如果它适合你的话，你可以主动把它放入你的职业工具箱。

Instagram 最适合做什么

- 通过照片和视频进行自我表达。
- 观看和分享人们喜爱的事物。
- 探索品牌和创意工作者，与其建立连接。

　　视觉元素是 Instagram 的核心内容，因此这个社交媒体成为用视觉表达自我的绝佳舞台，你可以在这个应用中用一系列图片或视频来实现内容创作。我在 Twitter 和 Facebook 上的很多朋友从事的都不是设计师、造型师或时尚达人所做的工作，我问他们是如何使用 Instagram 的，希望了解他们有没有在上面做工作有关的事情，几乎所有回复我的人都说他们仅仅用它来分享和欣赏照片。如今，Instagram 已经成为潮流文化的风向标，平台上活跃的博主大多可以吸引大广告商和主流品牌的关注。视频广告营销人员瑞安·科克伦斯（Ryan Cochranes）是这样点评这种现象的："一个人在 Twitter 上的地位基本上是由他的粉丝数决定的，在 Facebook 上是由点赞数决定，而在 Instagram 上，你的影响力只被你最新发的那张图片体现，这张图可以给你一个成为不二人选的机会，让别人一说起某个话题，就会想到你——'关注他/她准没错'。"因此，如果你对创作抱有热情，希望让 Instagram 成为展示作品的平台，那么你除了要对自己发布的内容上心，也要向你关注的人学习，和他们建立连接或保持联系。

Instagram 小技巧 1：以最高水准进行创作

　　在这里，发文的质量真的很重要，没有人想看到一张在昨晚的演唱会上随手拍下的模糊照片。Instagram 追求视觉效果，这种效果可以是美丽的，也可以是戏剧性的、有张力的。你要花些时间对照片和视频进行精心创作，了解平台的滤镜使用方法，这样才能将效果发挥到最佳。Instagram 还有为照片添加文字说明和设计元素的功能，这些都需要一一学习。视频方面的建议则是练习、练习、再练习。**不管发什么内容，请记得原则都是要通过你发布的内容呈现出观看者一下子就能理解的故事。**

Instagram 小技巧 2：搜索就是"任意门"

利用搜索功能时，你会看到几个大分类，包括艺术、时尚、幽默、美食、电视电影、家装、音乐、旅行等。搜索功能的另一大特色是它可以让你快速关注某一专业领域，你可以通过标签来进行搜索。搜索的关键词可以是那些比较常见的，如工作、促销、设计，点开后就可以看到所有带着这个标签的发文，可能会有成百上千条内容。点击其中某张图片就可以在这个用户的个人页面上了解更多信息。也有不少公司会直接在这个平台上招人，会以"我们正在招聘"为主题发出图片消息。你可以关注一下类似的话题。不过，同一话题下，人们发布信息的质量是参差不齐的，除非你挖得比较深入，否则很有可能看不到什么有意义的信息。

Instagram 小技巧 3：和你认识的人联系

如今，各大社交媒体都普遍引入允许使用者将自己的手机通讯录联系人与正在使用的平台进行联动的功能，这样你就可以邀请朋友加入，也可以查看有哪些你认识的人已经在用这个平台了。Instagram 也支持这个功能，而且它在你联系 Facebook 好友的时候尤其好用。

你可以看到哪些在使用 Instagram 的人还不是你的 Facebook 好友，然后就可以关注他们，给他们发公开消息；如果对方也关注了你，你们就可以通过私信进行一对一沟通。

Instagram 小技巧 4：与新发现的品牌和人士联系

Instagram 是很多人的灵感源泉，可以让使用者轻松地发掘新的潮流风尚。你可以在上面大量浏览信息，寻找你热爱的人和物，找寻创作灵感，展示自己的才华。下面是两个我特别有感触的故事，你会读到其他人是如何通过 Instagram 建立起自己的职业关系的。

第一位是亚历山德拉·兰格（Alexandra Lange）。她是一名设计评论家，也是一名作家，她一直在关注各大建筑师、设计师的新作。在一次邮件采访中，她告诉我 Instagram 是她保持更新见闻的重要手段："到处都是双年展、设计周等展会，根本不可能有人把这些展都看完。但是 Instagram 和它新推出的 Instagram Stories 功能让我们在手机上就能浏览到最令人惊叹的新展品。"亚历山德拉通过不断调整自己的关注名单来更好、更高效地获得优质资讯。"建筑师和设计师会需要确认来和他们交流的人有一样的'波长'，也就是同样是从视觉角度对万事万物进行思考的人。我会在 Instagram 发布旅行时特地去看的东西、我关注的纽约市的趣闻，以及我给建筑和物体取景的方式，这些内容会传递出一种'我知道好东西是什么样的信息'。"她举例说，"有的账号、建筑作品或设计作品会突然吸引人们大量关注，从这些现象里可以分析出来不少东西。"而这让她能了解流量现在会往哪里聚集。

旅行的时候，亚历山德拉也不会忘记 Instagram 的作用。每到一个地方，她都会分享新照片，这样人们就会知道她正在那里。亚历山德拉说，每当她这么做的时候，"我就会获得很高的关注度。大家会告诉我这里有什么地方值得去，甚至还有人送来活动和晚餐邀请"。两年前，亚历山德拉收到了新西兰建筑师协会的邀请，她说："这得益于我经营的社交媒体，也就是 Instagram 和 Twitter。这个协会那时候想找到一个人向美国观众以及全球观众传递新西兰当代建筑的精彩。我回来以后还写了些文章，但在社交媒体上还是图片的影响力更大。"

发展这种有成效的人际关系，关键之一在于你要有意识地提升自己的活跃度，提供的信息量要足，这个道理在其他社交媒体上也是成立的。如亚历桑德拉所说："我的关注者中有很多人可能压根不会读我的文章，但是他们知道我一直在那里，知道我会介绍那些值得看的展览。"

第二位是我在前文提过的商业创意顾问伊恩·桑德斯。在某次邮件沟通中，他列举了 Instagram 的交互价值，他说："我热爱 Instagram。只有在那里我才不会那么在意自己发什么，不需要卖产品、不需要取悦读者，我就做我自己。"伊恩还说 Instagram 可以帮他维护重要的业务往来，他向我讲述了一个故事："我和两位网友在 Instagram 上互相关注，她们俩在英国布里斯托经营一家营销代理公司。我们有一两年没见了，但是互相关注给我们彼此的生活开了扇窗。如果没有 Instagram 的这层关系，我觉得我不会那么了解她们，我们的合作关系也会有所不同，不会有那种深层次的连接。"

也许 Instagram 不会像其他社交媒体那样占据你人脉构建的核心地位，但是仍然值得进入你的"兵器库"。

熟人社交媒体：联系你认识或可能认识的人

如果你跳过前面的内容读到了这章，你可能会觉得奇怪，为什么 Facebook 并没有出现在我列出的社交媒体工具箱的首位。毫无疑问，Facebook 是个"巨无霸"，但是从某些角度来说，它却是最不符合我们实用需求的一个。虽然你也可以通过 Facebook 与陌生人建立有意义的连接，但 Facebook 并不是为了这一具体需求而生的，这一点与领英正好相反。Facebook 的设计初衷是让使用者在 Facebook 上选择关注对象，与朋友和家人联系。因此，Facebook 不会是我们建立职业联系的第一站，但它提供的一些辅助手段是有价值的。

如果你在 Facebook 上本来就很活跃，那么可以适度利用现有的联系人，比如，可以偶尔向他们寻求工作建议、职位信息和介绍。在我使用 Facebook 的十来年里，我发现 Facebook 上的职位信息质量非常一般，不如领英内容集中，也不具备 Twitter 的公开性。不过，有时如果能请几位在行业中颇具分量的人为你的声誉背书还是非常有意义的。

如果你正在推广某一产品，你可以为这个产品创建一个专门的页面。这是一种任何人都可以通过搜索浏览到的公开页面，在这里你可以管理并追踪访客情况。你不需要和你的页面关注者建立直接联系，因为他们关注的是页面内容，不是你本人。通过这个方法不仅能让你已经认识的人看到你公开的更新，更能让所有 Facebook 使用者在动态消息中看到你的身影。

Facebook 群组

公开群组，即任何人都可以加入的群组。组内的细节情况，包括所有发文是 Facebook 上的任何人都可见的。有些公开群组会拥有上千名成员。

封闭群组则必须由用户主动申请或者受邀才能加入。发文内容仅成员可见，不过群简介和组员名单还是会显示在搜索结果中。

私密群组只能通过邀请加入。私密群组的信息及其组员情况都不会出现在搜索结果中。

加入群组需要你花时间做些调查，以找到最适合你的那一个。我所在的封闭群组有上千人，规模太大，不适合频繁发言。我会浏览一下里面的内容，了解大家在说些什么，但不会说太多。我也加入了几个私密群组，里面成员很少，发表意见感觉更轻松。不过，在参与任何规模的论坛、讨论任何话题的时候，你在发言前都需要深思熟虑、精神专注，因为你说的话会一直留在记录里。

群组讨论规则

在职场或产业相关的群组中活动时，我们有必要先了解群组的规则，特别是当这个群比较大、大多数的组员彼此都不认识的时候。这里有一些建议，可以让你给别人的感觉更客气、友善。

首先，在大多数群组中，人们默认消息不需要实时回复，大家需要一些时间才能给反馈。所以，没有必要掌控整个对话，回复每条询问，或者把自己置于所有话题的中心。如果你频繁发言，不仅会让其他人心生厌烦，还可能在你希望联系的人眼里留下"不具备合作精神，太把自己当回事"的负面印象。

其次，群组里的发言一般是要保密的，像工作状况、健康信息这类私密信息更需要被严格保密。请尊重他人，尊重他们不想被更多人知道自己隐私的心情。

最后，发言尽量言之有物，如果每个人都只回复"我也是""我同意"，而不提供一些有价值的信息，群组里的氛围就会非常无聊。你可以讲讲自己的经历，转载相关文章的链接，或是提供对其他成员有帮助的具体建议。

在不同社交媒体获得无尽资源

你可能是其他社交媒体的用户，现在很多社交媒体都可以用来和他人进行联系，虽然它们最初开发时的可能目的并不是这个。你可以按照自己的兴趣和喜好自由选择，将它们放进工具箱中，前提是你在开始使用之前清楚地了解他们的风格和使用方法。我还是认为领英、Twitter 和 Instagram 凭借广泛的影响力和强大的功能，会在你建立连接、发展兴趣的过程中起主要作用。

只要你拥有这样的工具，你就可以在自己感兴趣的领域内与国内外相关人士进行对话。不管你是在考虑下一步职场变动，还是在寻找灵感，想了解社区、社团里的新动向，或只是想再联系到老朋友，你都可以按自己的方式寻求相关支持，找到与他人建立连接的方式。

世界很大很嘈杂。我希望上面讲的这些小技巧能帮你在你喜爱的平台上收获更多，并通过它们发现取之不尽的人脉资源。这一点对于像我们这样讨厌按过去的方式建立人脉的人来说尤其重要。

内向者的社交法则

1. 互联网一直在邀请我们通过网络进行探索、学习和分享，并通过这些行为与他人建立连接。这种方法堪称最适合内向者的一种方法。
2. 遇到的每个人都可以带我们走出自己熟悉的环境，帮我们通过认识新的联系人轻松地进入新领域。
3. 不管是在考虑下一步职场变动，还是在寻找灵感，想了解行业新动向，或只是想再联系到老朋友，我们都可以在社交媒体上以自己的方式寻求支持、得到帮助。

TAKING THE WORK OUT OF NETWORKING

第 7 章

无压力参与法

不需要做太多,
点个"赞"或比个"爱心",
也可以表明你欣赏、
支持、喜爱或厌恶的态度。

TAKING THE WORK
OUT OF NETWORKING

第 7 章　无压力参与法

> 人们都渴望社交关系，这种渴望催生出一种新的身份标识，那就是关注你的人数、给你点赞的人数，或者说你的"好友"人数。
> ——《纽约时报》文章《关注者工厂》(*The Follower Factory*)

无论你是想扩大圈子，建立自己的社交智囊团，还是想进入一个新领域、找到新工作，如果不试试在网上建立一些简单的连接，你很可能会错过很多机会。只要你能以开放的态度采用合适的方法，这种无压力的参与会成为你积累人脉的秘密武器。

只要你不是长期避世隐居的人，肯定已经发现"内容"这个词越来越高频地出现，基本取代了我们以前用于自我表达的所有其他词汇：写作、摄影、录像，以及电影、电视剧，甚至是互联网本身。"内容"就是一个笼统的概念，指我们在网上观看、制作、发布的所有东西，那些我们为之惊叹并和朋友分享的东西。但我不喜欢这个词，因为它让丰富的创造性产出听上去干巴巴的，全都一个样。

但我们还是避不开它，更无法否认它反映出的某种内涵，那就是人类喜欢观看、浏览和传播自己喜爱或讨厌的东西。但好消息是，在面对屏幕上密密麻麻的信息时，我们可以用自己的方式作出回应，并决定回应的程度。无论你参与其中的方式是什么，最有效的回应并不需要你去引起别人注意，一切都是你说了算。这种选择用何种方式创建、分享和回应的能力，就是构建自己的人际关系网的秘密武器。

我用了 60 多年的时间才找到平衡，知道了如何分享个人技能、表达个人观点，而不用担心被人看成是一个企图心过重的人，任何要强的内向者都不希望给人留下这样的印象。网络世界其实很适合内向者：在这里我们可以平静地袒露内心，以自己的方式获得关注，与一些人取得联系。有时我甚至觉得互联网就是为我们这些讨厌在社交中客气寒暄的人而创造的。如果你在写作、摄影方面有专长，或是擅于写评论或热点文章，你即使一直待在屏幕背后也能做这些事。如果你觉得自己还没准备好，甚至都不用迈出家门。各领域的优秀人士可以身处任何地方，只要有网络就能工作。这对于讨厌和别人抱团的我们来说是多么完美！

并不只有内向者会把精力投入到网上。2018 年，皮尤研究中心的一份报告显示：全美有 69% 的成年人常使用社交媒体，在各年龄段中，使用社交媒体的人口比例都有上升。我们从未像今天这样能轻松地表达喜好、观点，获取新闻和娱乐资源，各种社交媒体还可以帮助我们养成松散接触的习惯，是分享自己的想法并与他人联系的最佳方式。

你可以从"善意潜水"开始

如今网络环境极速发展，到处都是突发新闻或有争议的议题。因此，如果你想一直"潜水"，我也非常理解。可能网上议论的声音之大足以让人畏惧，你不想被卷入其中；也可能你的生活已经被工作、生活和课业填得够满，没有精力在网上争论。这里的"潜水"指上网时只看别人发了什么，自己很少或从不评论，也从不公开发言。如果你一直这么做，你可能会错过两件事。

1. 你想联系的人很难找到你，因为你没有留下任何痕迹。但如果他们找不到你，还有什么动力和你联系呢？
2. 错过无压力表达自己的机会，无论你有多喜欢安静。

我知道并不是所有人都适合在网上发言，特别是在刚开始上网的时候。作家杰丝·齐默尔曼（Jess Zimmerman）提出的"善意潜水"这个词很棒，她建议大家试一试，因为"你在'潜水'时可以观察网上会出现什么样的话题，了解这些话题出现的背景，以及由谁提出了什么观点"，你会掌握更好的表达方法、学到更多东西，让自己避免尴尬。她说的没错，网络世界是真实生活的一面镜子："现实世界的社交生活形式多样，可以是畅聊不休，也可以是安静陪伴。使用社交媒介并不需要你变得非常外向。如果可以，那就先'潜水'一阵子吧。"这也是我想要强调的。

如果你不愿意在网上透露较多关于自己的信息，或者还不习惯这么做，那么一开始可以简单地点个"赞"或发送一个"爱心"，或不带评论地转发些内容。这些都可以表达自己的心声，还可以帮你探索自己的表达习惯，了解自己线上表达的风格。不需要做太多，只需要用几个词表明你欣赏、支持、喜爱、厌恶的东西是什么，如果不想说话也可以使用表情符号（emoji）。内向者特别不喜欢做先冒头的那个人，而这样的方式对他们来说会更舒适。我花了好几年的时间在不同的社交媒体上做这样的"热身活动"，直到现在，我在不熟悉的新平台上也还是会"潜水"。

如果你在分享或转发消息时加上一句简短的"看了真开心"，会比什么都不说更能让别人了解你。人与人之间是要相互回应的。人们喜欢且希望与志趣相投的人变得熟稔。还要记住：你永远有时间想清楚自己要说什么，你可以把它看作信件最后的附言。如果你还对此有所抗拒，那就试着从为公益事业给出一两句推荐开始，或者参与对体育新闻、糟糕的天气、流行文化或公众人物的讨论。人们参与公共对话时彼此是公平的，不需要你给出太多个人观点，也不需要透露个人隐私。

内向者这样社交更有效

5天练习法：了解你的个人表达

很多人都有自己习惯使用的平台，我们这些平台上的发言也有规律可循。你输出的内容会如何体现你的个人形象和特点？试试下面这个5天练习法，增进你对自己的了解。

- **每天输出5条表达内容。**包括点赞、比心、发表情包或是带评论转发。你要做好规划，将一天的输出内容控制在5条内。什么内容会促使你进行评论和转发？
- **注意表达内容的选择。**这5条内容要传递有价值或是与当下紧密相关的话题，而不是简单发一句"看看这个"或是点个赞。谁都喜欢可爱的小动物视频，但这类内容每一天都会有很多新增视频，要选择有意义的内容。
- **连续5天追踪自己当天的表达情况。**你浏览、阅读或观看的内容当然可以有很多，但每天只能对5条内容作出回应。

连续 5 天的 25 条内容能带来什么？能体现出你是否把时间花在了笑话、宠物或时政热点内容上，也能帮你思考其他人看了你发的内容和你的回复会认为你是个什么样的人。通过这些分析，你能看出你最关注的到底是笑话、流行文化、专业知识还是运动科学。我承认我自己在实时社交媒体上有点过于活跃，如果别人看了我的内容，他们可能得出的结论是我是个喜欢冷笑话、特别热衷于美国的政治时评、喜欢小狗图片，还酷爱数码文化的人。这会是个很贴切的评价！

这样的练习似乎有些琐碎，但是通过这个练习你将搞清楚你在社交媒体上呈现出来的样子。很多时候人们就是通过你在社交媒体上的表现形成对你的印象的。这个印象会让他们选择亲近你还是远离你。最终的一切都由你创造。

探索你的社交媒体风格

根据相关研究报告，如今有多达 70% 的招聘者会浏览应聘者的社交媒体，并在一定程度上将其作为筛选人才时的参考。那么我们应该如何打造自己的整体形象，让它为我们发声呢？

这里并没有一个适用于所有人的方案，社交媒体存在的目的至少有一半是为了每个人能表达自己。但是——永远有个但是，如果你关注的议题是职场、求职以及职业发展，你需要注意你在对外传达出什么信息。在《哈佛商业评论》的某项研究中，阿里安·奥利尔－马拉特雷（Arian Ollier-Malaterre）和南希·P. 罗斯巴德（Nancy P. Rothbard）两位教授对数十名专业人士进行了调查，他们请受访者描述自己"最自然的线上习惯"，据此总结出可以用来展现线上自我的4种策略类型。

- 观众型：个人账号和工作账号分开，个人号私密性强。
- 开放型：最看重真实感和透明度，想到什么就发什么。
- 内容型：发的都是精心选择的内容，服务于自己的工作。
- 定制型：为特殊的群体、受众和主题定制分类内容。

你决定做的事情和展示自己的方式，在很大程度上取决于你在生活中所处的阶段、你的职业生涯，以及你的职业目标。一个自由职业者势必比一个律师拥有更多自由。重要的是要找到让你觉得最真实、最放松的方式，找到与自己的目标匹配的风格。我认识的一些咨询顾问只发布和分享与工作相关的内容，公司员工发布的内容则更轻松逗趣。

现在，你已经完成了5天的自我表达测试，并了解了如何在网上展示最好的职业自我。现在让我们来看看最常见的发帖风格，学习如何在社交中打造合适的风格，构建自己的人际关系网。

极简主义者

这些人基本只转发消息，从不发表意见，他们转发的内容包括严肃新闻、经典故事、爆火视频和热门消息，而且他们对转发的内容和频率很有讲究。这种风格便于保持和弱连接之间的来往——只要发出你认为有人会感兴趣的文章和事物就行。

他们建立连接的方法是广泛分享不同兴趣领域的有用信息，比如，多样性和包容性案例、未来的工作发展、内容品牌等。

评论者

这些人有着不妥协的灵魂，在各种事情面前无法默不作声。你肯定对那些愤怒的评论不陌生，当然也有善意幽默的发言。很多人只是想在虚拟世界中留下他们对于用户体验（特别是不好的用户体验）、企业责任等各类话题的意见。如果你是一个热衷发言的人，那么在那些能看到你的专业身份的平台上，要注意有策略地分享内容和表达观点。

他们建立连接的方法是对相关业务政策和实践发表评论，并提供足够多的有效信息。

精神鼓励者

这些人希望能多输出一些疗愈的力量，他们会通过分享好消息、温暖故事和很多很多的可爱图文带来些许欢乐。他们分享的都是积极正面的内容，也会在其中很自然地融入自己职业化的一面。

他们建立连接的方法是分享企业的善举义举，为奖学金、勤工俭学项目和社区事务助力。

重视每一次表达

如果你还在怀疑自我表达是否重要，那么我向你保证，别人是会因此看到你的，特别是你圈子以外的人。重要原因至少有以下两个。

第一，招聘人员、猎头以及学校和企业的人才搜寻人员都会留意他们遇到的人，或者通过搜索关注相关人选。他们关注的不止有常规的招聘软件。另外，CareerBuilder 2017 年的一项研究显示，比起能在网上搜索到相关账户或内容的应聘者，招聘人员帮在网上找不到任何信息的应聘者安排面试的可能性要低 57%。

第二，无论你的工作领域是烹饪还是人工智能，如果你想成为专业领域内举足轻重的人物，哪怕是再不足挂齿的公开表达也是有意义的，因为这样可以帮你强化这种形象。所以，你需要留意你发出的信号到底是什么。你不必只发和专业相关的内容，但如果你确实打算利用社交媒体建立人际关系，你的个人资料至少不应该与你的职业方向相违背。比如，如果你渴望成为优秀的活动策划人，你在网上的状态需要体现出你有出色的抗压能力和执行能力，若你在网上分享的是自己在一个晚上喝遍酒吧街的事迹，那就有点不太合适了。

别忽视表情符号

第一组表情符号由苹果公司于 2008 年发布在 iPhone 键盘上，这是一组易于使用的视觉符号，可以让你分享的任何内容更具表现力。

- **创意性标点符号。**语言学家格雷琴·麦卡洛克（Gretchen McCulloch）曾将表情符号描述为"创意性标点符号"，并认为表情符号为我们的表达方式增添了色彩和人性。她说："你会觉得一个双手背后和你进行单调对话的人很奇怪，但其实我们在用普通的标准语言发消息时，给人的感觉就是这样的。"

- **辅助语言文字表达。**《快公司》杂志有篇文章提到，即便是在商业语境中，只用语言作为表达手段通常也是不够的。文章写道："习惯于远程工作的团队成员并不一定能领会到其他团队成员语言中的幽默或讽刺意味，这在很大程度上是因为他们只在虚拟世界中认识彼此。因此表情符号成为我们表达情绪时的'拐棍'也就不奇怪了。"
- **结束对话的工具。**虽然表情符号常用于社交媒体和聊天消息中，但是用表情符号来结束一串邮件对话也是不错的选择，比如"好的"或"赞"，以及其他虽不够正式但能被人轻松理解的表情符号。

不必太在乎"粉丝"数量

2018年早些时候，《纽约时报》发表了一篇重要的专题报道，标题是《关注者工厂》。文章中说全世界的人们都对人际联系有一种共通的渴求，而这种渴求不仅重塑了500强企业，颠覆了广告行业，还打造出了一种新的身份标签，那就是"你的'关注者'有多少，给你点赞或者和你互为某平台好友的人有多少"。说起参与线上活动，你的第一反应可能是我马上要告诉你如何获得更多关注者，你猜错了。社交媒体被广泛应用后，我们已经看到了海量的实操类文章，还有很多人通过教人如何"涨粉"，即增加关注者数量赚钱，这都是因为人们希望通过提高"活跃度"成为"大V"。

这种对粉丝数量的强烈关注催生出一个全球的规模产业，那就是通过"买粉"（购买关注者）来增加关注者的数量。《纽约时报》的文章将其称为"全球性的社交媒体欺诈市场"。人们为什么要这么做？都是为了抬高自己的身价、提升自己或企业的认知度，从而扩大影力，而影响力的扩大在很多时候意味着能挣更多钱。我们还看到出现了越来越多的恶意账号，执行各种盗用内容或发送垃圾消息等恶意任务的软件，这些都进一步导致网上的虚假信息增多，让人们难辨真伪。

被很多人关注当然没有问题，算是件好事，但请听我说完：请你永远永远不要去"买粉"。这是一种欺诈行为，各大社交媒体会定期移除虚假账户，你的行为可能会因此暴露。如果有人恶意冒充你，还会造成更大的信誉风险。所以，这样做真的不值，**你输出内容的质量远比聚集起一个看似崇拜你的虚拟群体重要得多**。如果你做的事情是有价值的、有吸引力的，你就一定会被更多人看到。

戴薇达·莱德利（Davida Lederle）就是一个很好的例子，她曾耐心地积累关注度，并随着时间的推移收获了自己的高质量粉丝。她创办了"健康导师"（The Healthy Maven），这是一个线上媒体，可以把读者、听众和观众吸引到博客、播客或社交媒体上。当我想找一位不太在乎粉丝数量的公众人物时，莱德利没有让我失望。在一篇题为"打造真实网络品牌的慢热真相"的发文中，她写道："我看到人们很容易纠结于'为什么这张照片的点赞没有那张的多'这种问题。朋友们，这真是太浪费时间了。正如你不会用虚假的关系填充自己的生活一样，也请你不要为了获得或真情或假意的点赞在网络世界中表演。"

你才是真正的品牌

发表于1977年的《你就是品牌》（The Brand Called You）是一篇

广为流传的文章，商业大师汤姆·彼得斯（Tom Peters）在文中描述了一个如今我们已经非常熟悉的概念，那就是我们应该创造属于自己的个性品牌。重读这篇文章仍然让我受益颇多，甚至比那时阅读的感受更深。虽然文中引用的很多案例现在已经不适用了，比如，现在想提升知名度可能在网上多进行表达更有用，而不是给当地报纸投稿，但彼得斯当年写的内容其实和我现在所说的是一回事：**要用适合你自己的方式让别人了解你的技能、才华和价值**。在这篇文章中，彼得斯说："好消息是每个人都有机会脱颖而出，每个人都有机会学习、提高和累积自己的技能。"

"买粉"和拼命提高"互动率"是无法带来这样的机会的，彼得斯当年的表述十分精准："由你的朋友、同事、客户和商业伙伴组成的人脉圈就是你能拥有的最佳营销手段。他们对你和你的成绩的认可，就是市场对你个人品牌进行估值的依据。因此，打造个人品牌的一大法宝就是找到适合自己的方式，打造同事间的人脉圈——并且要有意识地这么做。"

我认识一位名叫穆罕默德·佐恩（Mohamed Zohn）的朋友，他在自己的工作中又对彼得斯的理念进行了深化。佐恩是惠普欧洲区的一名社交媒体主管，他写了一份"打造具有真实感的线上身份"的实用指南。他建议道："最好的办法就是持续发文、持续学习、持续进步。"换句话说，数据绝不是最重要的。这对于像你我这样的内向者来说是一个好消息。我认为，打造高质量的社交媒体体验需要关注如下几点。

- **优质的联系人**。只有自己才能判断认识哪些人或关注哪些人能带来真正的价值。判断依据是他们的见解、他们能提供的帮助，以及他们与人相处时的态度。比如，我知道谁最可能提供给求助者贴心细致的方案，谁会整理好翔实的论据和相关研究情况，还有谁习惯用表情包回复。我珍视每一个人，但是不同的回复在不同时间有不同价值。在我看来，我不会去联系的人是那些从不回复或从不会共情的人，他们总是否定他人，还会随意抛出不负责任、尖酸刻薄的言辞。

- **富有艺术感的接触技巧**。说到接触技巧，有一条大家都很熟悉的道理，那就是用希望别人对待你的方式对待别人。要知道，每个人都和你一样在努力生活。释放善意，表达你的感激之情。如果你觉得自己还可以多做一点，那就去做吧，去留言，去分享，因为这很可能让你在需要别人来拉一把的时候获得帮助。

- **对细节小心把控**。谁也不可能记住别人说的每一句话，也没有人能记住屏幕上闪现的每条消息。所以你在联系某个人之前要注意回顾之前的沟通情况，这样做可以避免给刚失去亲人的朋友发去情绪太过高昂的消息，或者至少能让你不至于帮别人约见一位正在世界那头长途旅行的人。

如果你参考了这些方法，细致耐心地维护自己的人脉圈，你的努力就用对了地方，剩下的就是等着开花结果了。

第 7 章　无压力参与法

TAKING THE WORK
OUT OF NETWORKING

内向者的社交法则

1. 人与人之间是要相互应和的，在分享或转发消息时加上一句简短的"看了真开心"也好过什么都不说。
2. 每个人展示自己的方式在很大程度上取决于目前所处的人生阶段和职业目标，重要的是找到自己觉得最放松且与目标相匹配的表达风格。
3. 输出内容的质量远比聚集起一个看似崇拜自己的虚拟群体重要得多。只要一个人做的事情是有价值、有吸引力的，就一定会被注意到。

TAKING THE WORK OUT OF NETWORKING

第 8 章

电子邮件仍是最佳社交软件

互相引荐是
让人际关系流动起来，
并产生效用的关键点。

TAKING THE WORK
OUT OF NETWORKING

第 8 章　电子邮件仍是最佳社交软件

> 电子邮件实际上是一个巨大的、去中心的开放平台……在社交网络和信息服务的藩篱中间，它呈现出一幅令人惊喜的自由图景。
>
> ——亚历克西斯·马德里格尔（Alexis Madrigal）
> 新闻工作者

我们已经讨论了培养人际网络带来的益处，以及进行松散接触的可行性方式。现在，我要介绍一种简单的、低门槛的人脉培养方法，这种方法可以用来维系你的人脉圈，既可以一对一进行，也可以与某个群体互动。没错，就是电子邮件。我们对这一现代技术的产物又爱又恨，会抱怨它的多种问题：在数不清的邮件中"跋涉"、不断收到垃圾消息、系统永远在更新等，但也依赖它。虽然近来邮件有逐渐被其他工具取代之势，比如短信、语音转文字功能、社交媒体、团队协作工具等，但正如《大西洋月刊》撰稿人亚历克西斯·马德里格尔在文章中所写的："电子邮件仍然是互联网中打不死的'小强'。"这是一句赞美。

电子邮件是在互联网早期发展阶段诞生的，可供任何人使用，不受使用者的设备设置或网络服务状况的影响，这个特点多年来一直不变。如果你已经可以熟练使用电子邮件，那么它就会是你面向个人或群体时最好用的信息传递工具。马斯克就是电子邮件的深度用户，他在某次接受采访时说："我喜欢用电子邮件，因为我会尽可能地选择非实时通信方式。"的确，这是邮件最棒的特色之一。

这一章要谈的并不是特殊的邮件归档整理工具，也不是怎样高效地清理收件箱。我希望通过案例向你展示如何把电子邮件作为一个轻便的工具，帮自己维护人脉、结识新朋友。邮件可以帮你避开一些繁文缛节，让你省去等待时间，轻松回复消息、收集信息、澄清事实，并让每个人都收到同样的进度更新提醒。

当邮件无法解决一些问题时

如果你正在为塞满的收件箱头疼，请先听我说一句：电子邮件只是个工具，在现实世界中它是有局限性的。有时一件事情可能有更好的解决方式，比如，打电话或当面沟通，甚至是写一封传统的纸质信件来解决。当如下情况发生时，你最好开始想一想是否有什么更好的解决方案。

- 当你已经发了好几封邮件，但是重要且紧急的事情还是没有得到回应和解决时（请确保这两项条件都符合）。这种情况下，电话留言或短信也许可以让你的需求从收件箱中被拿出来单独讨论。
- 当决策需要得到多人意见，或是你需要和对方实时更新信息时。比如：我们是不是应该见一面？我们在哪里见面？我可能要迟到一会儿。在邮件满足不了现实中对通信便捷性的需求时，请视具体情况决定是否应该使用线上群组消息工具。
- 当你已经发现继续发邮件也无法确定解决方案时。停下来，建议对方开一个线下会议或进行电话沟通。
- 当事态严重时，或有严重违反规则或礼仪的情况发生时，或是你即将和你在乎的人共同经历人生大事时。请把你最用心的文字落在纸上，然后寄出去。注意，信里可不能用表情符号！

挖掘电子邮件的社交价值

现在，让我们具体看看邮件如何帮你和别人建立直接联系。这是一门艺术，每一种邮件都有范本可以参考，比如进行引荐、请求帮助或是提供对方可能需要的信息。

进行引荐

你知道某些人需要互相认识，你也有认识别人的需要。因此，我们总是需要进行引荐，这是让人际关系流动起来并产生效用的关键。有时你是那个希望通过第三方被引荐的提需求者，有时你是别人想结交的被需求者，也有时你是两个人之间的中间人。即使我们把这种介绍发生的情境设定为在商务场景或职场发展中，但虚拟世界中，人们这方面的需求也是非常多的。而人们最常使用的就是电子邮件。

当别人找到你，希望你能帮忙介绍时，我鼓励你尽量答应下来，因为你也可能会有需要被人介绍的时候。当然，在某些情况下也可以拒绝，我在后文会讲到。对引荐请求这类请求敞开心扉不仅是为了广结善缘，更多的是慷慨待人之道。**每个人都有需要帮助的时候，每个人都有需要别人伸把手的时候。**如果你对自己的人脉很有自信，为什么不和其他人分享呢？毕竟，在一定程度上，我们都是依靠外部力量才创造了自己的现在。珍惜这样的善意并把它传递下去吧。

下面的故事就说明了什么叫机缘，以及一个微不足道的举动带来的巨大意义。大约一年前，我和一位名叫简的女士一起喝了咖啡。我和简其实不太熟，只是工作中认识的关系。那时，她刚刚辞去一家券商的公关工作，希望能从我这里了解一些新的工作机会。我来到咖啡店时，看到简的身边还有她的一位朋友玛格丽特。玛格丽特打了声招呼就起身准备离开，我和她简单聊了两句，并交换了名片。一年多后，有家初创公司向我征询某岗位的人选，我想起了玛格丽特跟我介绍过的她的工作，于是就推荐了她。玛格丽特联系我，说她不敢相信我们简短的碰面竟然能带来新的工作机会。说实话，其实我对那次见面印象不深，但是我记住了玛格丽特擅长的领域，也在领英上查询过她的信息，觉得她的经历符合那家初创公司的需求。整个过程非常顺利，我很高兴能这样把两个需求匹配的人联系在一起。

人们希望被引荐的理由可能是多种多样的，可能是希望了解某家公司、某个学校、某种职业，也可能是希望借鉴对方的跨国工作经验或跳槽转行经验。有些请求的时效性很强，比如，当某个人急需了解一个招聘职位的详细背景时，他的准备就必须在申请日期截止前或参加面试前完成。最近我把苏和罗宾两个人联系到了一起。苏当时在考虑申请谷歌的某个岗位，而罗宾升职前正是该岗位的员工。这些情况我之前并不了解，却偶然地帮苏做好了面试准备。现在看来苏很幸运，但在这之前我唯一的想法只是：罗宾在类似领域里工作过，他们俩可以认识一下。

在另一些时候，这类请求并没有严格的时间限制。人们更多是出于信息收集或为了明年会议上再次相见而请求见面，最后的结果可能是一通电话、一次晚餐、一次邮件来往，也可能是帮忙认识更熟悉当前问题的人。不过，无论请求是具体的还是泛泛的，你都可以答应，大多数时候你只要回答"好的"或"我想把你介绍给一个与你想知道的事情更相关的人，怎么样"就可以了。

打下基础

假设你已经评估了朋友发来的请求——顺便一提，这个过程大概只需一封邮件或一次闲聊就足够，并且这次介绍不会让你感到不舒服，那就让我们看看你可能需要为此做些什么。首先我要强调进行介绍或请求引荐时需要注意的两个基本准则。

1. 不要同时给两方发去同一份"约见详情"，这种"惊喜"一般没人喜欢。
2. 绝对不要把联系方式直接发给请求联系某个人的提需求者，任由他们自行私下联系。

第一条准则是因为你不能冒着让你的联系人生厌的风险来做这件事。也许对方的邮箱地址属于隐私，也许对方收到过太多类似请求，也许他们跟你不太熟，又或许他们有事要忙、在解决个人紧急事务等等。第二条准则是为了避免因为有人不喜欢收到来自陌生人的邮件，而将属于你的一次机会抹杀掉。进行引荐涉及太多细则，这就是为什么需要别人帮忙介绍。

现在让我们更详细地解读一个建立连接的案例。以下是一封初次发给联系人的信函，询问对方是否接受被介绍给别人。

主题：问候和介绍

_____（只发给被需求者）：

上个月在某某会议的见面虽然仓促，但是能见到您很开心，希望能有机会前去拜访您。或：距离上次见面已经过去很久了，很想听听您的近况。

除了向您问好，发来这封邮件是想询问您是否愿意和我的朋友旺达·利维萨洛特聊一聊。她是一位_____（职业／职位），希望能_____（和您见面、和您通信、通电话、收到您的回信），因为她目前正在考虑_____（一个新工作／一家新公司／一座新城市／新学校），而您的_____（专业知识／人脉圈层）让我认为您是旺达最适合认识的人。旺达_____（很风趣／很独特／很聪慧／很机灵／很有热情／很适合您的公司），我想您和她会聊得很愉快。

如果可以，我会继续推进。但若您无法做此安排，或认为时间不甚方便，我也可以理解。如果是后者这种情况，不知可否请您介绍另一位适合与旺达交流的人士？

非常感谢您的帮助。

这封邮件做到了以下这几点。

- 开场白简单但真挚，不仅理清了你和被需求者之间的联系，还释放出你了解或希望了解他们在忙些什么的信号。内容的重点要放在你的联系人身上，而不是你的请求上。
- 向对方提供可能让他们愿意考虑的理由。
- 为提出请求的人背书。如果你做不到这点，那就不要答应，避免自己的信誉被破坏。
- 表明立场，一开始要向对方说清楚，如果他们不同意见面，那就不会有后续。
- 给对方留有余地，让他们有机会把你介绍给其他更合适或时间更充裕的人。

我每周都要写不少这样的邮件，也很幸运经常能收到回复，告诉我他们愿意接受引荐。因为了解我的人都知道，我肯定是在对提需求者及他们提出的请求把关后才会帮忙联系，而且他们也知道我一直把建立有价值的联系视作我的目标。不过即便如此，我有时也会收不到回复。如果我和对方很熟，知道他们是因为某些原因不在线，但我又知道他们很有可能答应，那我会把这封邮件重新发送一遍，并在邮件最上方附一句"不知道您是否没有收到，希望能得到您的关注，谢谢"。人们常会感谢我专门提醒了他们。如果我收到的是"不在办公室"的自动回复，我会建议提需求者稍等一下。如果自动回复中提到了返回的具体时间，我会让提需求者在那个日期后的一两天内提醒我去跟进。

继续跟进

一旦绿灯亮起，你就可以把提需求者和他想认识的人联系在一起了，这里有一个示例。

主题：介绍戴尔和埃文（方便他们日后查找邮件）
抄送：埃文（提需求者）

戴尔（被需求者）：
您好，感谢您同意与埃文联系，我把邮件抄送了他。如我之前所说，埃文希望申请 BigCorp 公司新开放的某个职位，我告诉他您能提供这方面最权威的信息。埃文也很喜欢脱口秀，我想你们会聊得开心。

再次感谢。

由于你已经和双方都建立了联系，因此这次发的邮件比较简短。如果顺利，你之后就无须再跟进他们的时间安排，你的任务已经完成了。整个过程中你要关注的是如何通过电子邮件说服别人和不认识的人见面、交谈，并让他们感到安心。当然，还有一件事也很重要，那就是不要忘记再次感谢被需求者，感谢他向你和埃文提供了他的宝贵时间和专业见解。

顺便一提，我不是唯一一个很注意电子邮件使用规范的人。彭博集团成立的风险基金的负责人罗伊·巴哈特（Roy Bahat）注意到一个有趣的地域差异，他说："我总是一次又一次地为东西海岸职场文化的不同而感到惊讶，科技圈和其他行业的风气也很不同，甚至人们互相介绍的方式都大相径庭。在加州，或是在任何地方的科技行业，人们的介绍都更简短随意。但在纽约或是任何地方的传统行业，人们的风格就会更职业化一些。"不过，不管在哪里都需要注意礼节规范，说话的风格也需要根据不同的场景和沟通对象的身份而进行调整。

牵线

当有人提出需要帮助的时候，你要做的就不是把一个人推荐给另一个人这么简单了。这类要求会更加具体，通常还有时间限制，如果你是中间人的话，还需要跟进确认。提供帮助可能包含很多不同的具体情况。

- 采访请求或调研请求。
- 请求别人推荐入学或入职。
- 请求支持慈善项目、出席活动、捐款等非营利性事务。
- 为客户的项目或特殊活动推荐人选。

让我们从两方面来评估需要牵线的场景，从你作为给予方的情况开始。当有人为上述事项向你求助的时候，你需要立即评估几件事：这个请求的合理性；你是否有能力完成；你与被需求者的关系；时机是否正确。**你帮不帮这个忙，很大程度上取决于你是否愿意为一个与你无关的目的把这两个人联系到一起。**在这里再重复一下定义，提需求者是需要你给予帮助的人；被需求者是你认为能帮上忙的联系人。请用下面的清单检查你愿意采取的行动是什么。

- **你和被需求者关系怎么样**。如果一想到这个问题你就犹豫，那可能是因为答案是"不怎么熟"，我会建议用其他方式解决问题。我最近和一个前同事见了面，他希望能和一个与我并无深交的资深风投人士建立连接。我告诉他也许他应该去找另一位我俩的共同朋友帮忙，他和那位风投人士更熟悉。
- **搞清楚提需求者到底想要什么**。你应该抓取足够的背景信息，以便评估这个需求是否合理，以及你是否真的愿意帮这个忙。如果他想和你聊聊某个领域内的新机会，或者对某一个具体职位特别感兴趣，一定要确认你对背景信息足够了解，因为这样的请求通常会超过"见面聊聊"这样的程度，而这可能让不知情的被需求者感到恼火。比如，更详细、准确的介绍应是："乔正在关注新机会，他对贵公司处理客户服务的方式很感兴趣。"或："莫妮卡告诉我，她非常喜欢您最近发表的关于本地企业数字营销的报告，想与您进一步讨论这个问题,她的硕士论文会用到这部分内容。"
- **确保请求在合理范围内,具有开放性。**让被需求者在短时间内就必须给出一个结果,这种做法是很不礼貌的。确保你给他们留出足够的时间,慢慢来,这样你才不会被视为没有礼貌、咄咄逼人的家伙。

当你寻求帮助时,一定要明白:别人帮你是要花时间和精力的。所以,第一步就要仔细思考你到底需要什么。以下是一个简单的检查清单。

第一个问题,为了能帮上你的忙,联系人是否还需要为了找到能帮你的人再去做更多的调研工作,比如了解你的身份背景以及你目前的处境?

第二个问题,你是否给对方清晰明了地提供了所有他们需要掌握的材料?

第三个问题,你是否已向联系人提供了完整的背景信息?这样才不会出现对方后期才发现实际情况和他们想得不同而措手不及。另外,如果你没有告诉对方就给 5 个人发去了同样的请求,这可不是什么会让人开心的事情。在寻求帮助时,如果没有完整地吐露实情很容易损害自己的信誉。

通过电子邮件牵线和处理引荐请求的情况类似,在这类情况下,人们都需要得到完整的信息。所以,要把所有细节转发给你的联系人(包括最重要的截止日期),还要做一些补充,告诉对方为什么这件事值得做,并保证在收到回复前不会擅做决定。最后这点尤其重要,因为具体的行动需要先征得对方同意，如果对方不同意，提需求者就要改做其他考虑。

最近，一位好朋友请我帮忙，她希望能认识领域内的某位知名人士，请他帮她的新书写一句推荐语。这个任务附带如下要求：一个严格的时间要求，写推荐语的人要阅读这本书，并公开发表关于这本作品的正面评价。这个忙可不小，但对双方来说都是很有意义的一件事。我把有关这本书的情况都转发给了那位知名人士，并强调为什么我认为他适合为这本书写推荐语，他很快就同意了。把他介绍给我的朋友后，我的任务完成了。我真心希望那位知名人士会喜欢那本书，如果他真的会写些什么的话，我也很希望知道他写的内容是什么。接下来我会示范如何写一封请求帮助的邮件。这封邮件是我发给一位专业人士的，每过几年我就会和她碰面一次。当时，她将在我的一位朋友也准备去参加的研讨会上发言。

主题：希望在你3月23日到访华盛顿时得到帮助（主题栏表明你的请求有明确的时间要求）

海伦：

希望你最近出差的频率低一些了，不过我知道你肯定还是在出差！

我这边的情况是：我还在做咨询，我喜欢自己掌控日程，项目很丰富，我也很喜欢。你一定懂我的感受。

写这封信是因为我的一位好友兼前同事丽贝卡·杰普森，她想在3月23日你在华盛顿新闻俱乐部演讲时与你见面。

丽贝卡取得了分析学硕士学位，目前正带领团队设计新的测量程序，她的团队成员遍布全球，大约有250人。

可否让我提前帮你们介绍？这样你们就可以在演讲结束后见面聊一聊。她性格很开朗。

提前谢谢你。

正如你所见，这封邮件很直接，但包含了足够的信息，收件人可以迅速决定要做什么。你抓住其中的要素了吗？以下是你需要在类似邮件中提到的内容。

- 开场时要表明你了解对方的时间安排很满，也了解她的专业地位。
- 简单介绍一下你在忙什么，承上启下。
- 提醒事务繁忙的人，让他们清楚掌握事件的时间、地点等信息，并告知有无任何截止时间。
- 简单介绍提需求者的背景。
- 说清楚到底要对方帮什么忙，并附带上你对需要帮助的人的背书。
- 结尾处向对方表达感谢。

现在，让我们看看在没有既定议程的情况下，如何通过电子邮件保持松散联系。

"你可能感兴趣"邮件

有一类邮件没有明确的目的，只是分享一些收件人可能会感兴趣的内容。这类邮件有很多用途，你可以用它来保持松散联系、与某人重新取得联系，或与新认识的人保持接触。其优势在于，双方都没有真正的任务，而且在接触的这一段时间里收件人会重点想到你，这有助于巩固正在进行中的关系。

内向者这样社交更有效　　TAKING THE WORK OUT OF NETWORKING

"你可能感兴趣"邮件的适用场景

除了提供链接或附件外，你的邮件主体要表达出类似这样的信息：这与我们之前谈论的问题相关；不知道你对这件事怎么想；看到这个让我想起了你。以下是5种常见的适用场景和具体做法。

- **在收到面试未通过的结果后，给面试官发一篇相关文章**。虽然面试结果不合预期，但是你可能很喜欢面试官，想与对方保持联系。在邮件中表现出你优秀的一面，让对方知道你仍然关注着这家公司及行业动态，但不要再谈面试的事。
- **向你在去年会议上遇到的人问好**。记得附上刚公布的今年的活动议程。
- **与老同事分享你们前公司的有趣消息**。有时候，过去的同事就是最好的弱连接人，你们可能并不真的了解对方，但彼此之间有一种家人般的情感纽带。发去一句简短的问候，询问他们的近况，附上一个与双方有关的新闻就可以让你们保持联系，甚至能加强你们的关系。
- **通过发送对方感兴趣的新闻、评论等内容，表明你在关注对方**。对你不太了解的人来说，这样做会在他们心中平添一份开心。你发送的信息要基于你对他们的了解：他们是否要在某会议上发言演讲？是否在做研究或是正在关注某个新趋势？

- **通过发送相关信息来增强你刚刚建立的人际关系。** 如果你刚认识了一个人，和他谈论了手机的使用情况，可以把你看到的相关新闻发给他并加上简单的附言："这让我想起了我们聊过的内容。"

无论你发送什么，都要表达你对收件人的关注、尊重或喜欢等正向情绪，这很可能会让彼此间产生更多善意，带来让人惊喜的回报。但要注意，获得回报不应该是你联系对方的目的。下面的例子是一封不附带任何任务的"你可能感兴趣"邮件，是我最近发给一位在自动驾驶领域工作的朋友的。我看到一条推文宣布了即将举办的某研讨会，于是想起了他。

主题：听说这个会议了吗？（主题栏应该引起收件人的兴趣，而不是简单说声"嗨"）

嗨，吉米！
最近真是好热闹，希望你过得还不错。
偶然看到了这个新闻（附上链接），我就想到了你。
周一快乐！

凯伦

即使是这么简短的信件也包含了不少信息。

- "最近热闹"是指出现了很多关于自动驾驶汽车的新闻，其中有些新闻简直匪夷所思，传递的信息甚至是不准确的。我对吉米必须面对这些新闻表示了共情。
- 如果你发的链接中已经包含了足够的信息，那就不需要解释太多。本案例中的链接就是那个政策研讨会的主页，研讨会主题是自动驾驶技术。要注意发送活动本身的网站，而不是关于它的新闻——前者信息量更大、更直接。
- 就连最后一句话"周一快乐"也在表达"我不想从你那里得到任何东西，你可以随意处理这些信息"。

尽管我并没有期盼得到回复，吉米却在几分钟后就回信说他刚完成了这个活动的注册。我很高兴找到了适合发给吉米的内容，从这样的瞬间中体会到了满足感。这只花了不到两分钟的时间，我和吉米谁也不会感觉有压力。

有时候，"你可能会感兴趣"的邮件可能更会表现出个性化的一面。一个笑话、一个正在疯狂流传的视频、某场体育比赛的结果、热门电视剧的评论等，都是很好的题材，可以在转发的同时附上一句："必须得让你看这个！"或者"这事简直让人难以置信。最近怎么样？"

这样的信息甚至可以帮助人们渡过难关。如果你的联系人遭遇了公司的经营危机或行业动荡，可以带去安慰的做法是发去一句简短的问候和能鼓励到对方的内容链接，同时你还可以告诉对方："请让我知道我能帮上什么忙。"不需要双方有进一步的深度交流，只要表达当下的真切情感。不用说太多，但你需要确定了解你发送的内容的感情基调。你和对方越熟，就可以越随意一些。但是要记住，无论你和对方的关系如何，发这封邮件的目的都是带去鼓励和安慰。

尽管我们对电子邮件都有不少抱怨，甚至还有些人认为它很快就会被取代，但电子邮件仍然具有独特的价值。我们的不满并不是来自技术本身，而是由于对技术不恰当的利用。希望本章的内容能帮助你从这仍最具价值的沟通工具中获得更多。

TAKING THE WORK
OUT OF NETWORKING

内向者的社交法则

1. 当别人请求我们帮忙引荐时，尽量答应下来，因为谁都会有需要别人帮助的时候。毕竟，每个人都是依靠外部力量才创造了自己的现在。
2. 用邮件进行介绍或请求被引荐时需要注意两个基本准则：不要同时给两方发去一份"约见详情"；绝对不要把联系方式直接发给请求进行联系的人。
3. 无论发送什么内容，都要表达我们对收件人的关注、尊重或喜爱，这很可能会使彼此间产生更多善意，带来让人惊喜的回报。

TAKING THE WORK OUT OF NETWORKING

第 3 部分
内向者如何在线下社交

一位优秀的即兴表演者是一个清醒的人，且绝不会是个以自我为中心的人。他的行为受到"要做有用的事"这一信念的驱动，因此他的一举一动都有了意义。

——帕特里西娅·马德森（Patricia Madson）
斯坦福大学戏剧系教授

TAKING THE WORK OUT OF NETWORKING

第 9 章

内向者如何应对线下社交

认真对待
无法拒绝的社交,
很可能会有所收获。

———
TAKING THE WORK
OUT OF NETWORKING

第 9 章　内向者如何应对线下社交

> 给出反应是最容易的。其次是进行回应。但最难的是发现一些什么新的事情。
>
> ——赛斯·高汀（Seth Godin）
> 商业领域畅销书作者

　　我们在网上做的所有事都是，或者都可以是高效的、结果导向的，甚至还要是有趣的。但在某些时候，有一些任务必须和别人一起完成。比如，我们可能会被要求与团队或公司一起参加工作会议，完成社交义务。虽然各种会议让人心烦，但参加会议还是会对你的职业发展有帮助。

　　这章要讲的是如何在保持心境平和的同时，在现实世界中的社交场合游刃有余。我们会了解如何对活动和会议做出取舍，以及如何才能成为一个有团队精神的人。在工作中，这一点简直称得上"王者特质"。曾经我也是一想到团建活动中的强颜欢笑及行业活动中的闲聊就会发愁的人，但是后来我发现，在努力过后，由此带来的收获远远超出我的预期。

那些我们无法回避的场景

　　让我们先谈谈最无法回避的事情：必须完成的工作职责。如果只是想到工作就会让你崩溃，那你可能需要一些自我激励。穿上让你感觉舒适和自信的衣服吧，或者去买些新的衣服、鞋子和配饰，让它们帮你感觉好起来。

好了，现在让我们说回正题。

团队协作或"场外"活动

如果你曾经在大型公司工作过，你可能对"场外"活动很熟悉。我这里加上引号是因为这种活动也会经常被安排在"场内"，也就是公司里。几年前，我还在谷歌的新闻部门工作，那时我们已经发展为一支大约有300人的队伍，团队中的许多人甚至在不同的国家办公。在这种规模下，我们每年还是会在位于加州山景城的谷歌总部举办全部门年度会议。活动为期一周，内容丰富，安排了多轮演讲和分会场讨论，晚上还可以与数十位部门同事社交闲聊。当时的工作基本由视频通话和电子邮件完成，所以这种社交活动设计的主要目的是让我们在日常工作之余加强与彼此的连接，我们完成工作的能力也的确因此大大提升。像我这样不善交际的人遇到这种情况，可能会本能地哀叹自己的时间又要在社交活动中被浪费了，但其实，能时常与现实世界产生联系是很有价值的。几年后，我仍然与世界各地的谷歌同事保持着友好关系。

工作日中的职责

你要考虑办公室氛围，还要考虑别人对你的看法，因此你很难说服自己不参加公司午餐或团队外出活动。如果真的不去，你可能会被贴上"不具有团队精神"的标签。所以还是去吧。能和同事们真诚地聊聊天也算是一种收获，结束后可以和同事单独喝杯咖啡或一起走一走,渐渐地,你很可能会发现有些同事可以帮你了解团队动态,有些同事对目前进行中的项目了如指掌,还有些同事的个人经历会对你有所启发。

固定安排一些这样的活动,想想自己最想了解的岗位、团队是什么?不考虑同事所在的岗位和部门的话,谁看上去是最有趣的人?你需要结识他们,让对方成为你人际关系网的一部分。我很早就在谷歌学到了这一点。因为工作项目的原因,我接触到了公司内的许多同事和团队,因为那些短暂的互动,让我在多年后仍和许多了不起的人保持着个人友谊和业务上的往来。

令人生畏的公司派对

第一次向出版商推荐这本书时,我在写作大纲中提到,过去的几年里我一直没参加过公司的节日派对——派对的规模都太大了,挤满了我不认识甚至从来没见过的人,我指的甚至还不是同事的配偶。和编辑面谈时,这一点被注意到了,因为真的很少有人喜欢参加这些貌似好意、实际上却让人为难的聚会。

在谷歌的节日派对发展到有数千名员工参加时,我在那里几乎不可能碰到认识的人。当然,这类大型活动还有其他让人望而生畏的要素:在那里,进行真正有价值的交流的可能性很低,开放酒吧的存在也没什么意义。大家都站着,由于在人群中端个玻璃杯比拿盘子轻松,因此很多人会喝很多酒,却没吃多少东西。另一个让我想待在家里的原因是:作为一名单身人士,我不想带一个朋友去忍受那些派对上流水线一般的互相介绍和与工作有关的乏味玩笑。如果你有朋友愿意接受邀请参加这些派对,你自己也不觉得不便,那也不错。但是你懂我的意思，说真的，我宁愿去遛狗！

如果你所在的公司规模较小，那你们的派对可能会更有趣一些。幸运的话，房间里的人你可能都认识，你和同事之间有那种真正的团队情谊，能展开有效的对话。恭喜你，不过要记住，这仍然是在工作。就像最近的一篇杂志文章中所说的："表面上看过去，工作派对就是与和你共事的人一起参加社交活动……因为并不是'强制'参加，所以你不会得到报酬……但你无法选择自己是否参加，因为每当工作和非工作的界限变得模糊时，名叫'办公室政治'的泡泡就会浮出水面。"

在这种情况下，你完全能预料到会看到各种夸夸其谈或自我包装的场面；在这里，"看到"和"被看到"的需要是无法回避的。假如派对让你感到恐惧，我的建议是要么早点过去，在房间里绕两圈，确保你出现在了"需要"见到你的人的面前，然后就离开；要么先在其他地方吃饱晚饭，到达后短暂待一会儿就离开。

我们的底线是：不要浪费时间去做无法容忍的事，因为努力半天后的结果可能是什么都得不到。但如果这是一个工作任务，那就短暂地露面，让自己之后能坦然告诉别人自己确实参加了就可以。

职场专栏作家艾莉森·格林（Alison Green）在她的网站"有事问经理"（Ask A Manager）上就各种工作问题给出过很好的建议，她也表达过类似的观点："到场一小时、签到、经过老板身边几次，让他们看到你去了活动现场，然后回家。如果你有孩子，孩子会是一个很好的借口。"

第 9 章　内向者如何应对线下社交

当出席与否可以选择

除了常规员工会议，有时你还应该参加大型会议或研讨会。无论是为了工作增长见识，还是为了与其他人交流对未来的选择，这些会议至少有一部分的作用是让你和别人见面，你的任务就是让这些聚会尽可能地为你所用，不要在意是否有人偷偷关注你，是否有人一边和你说话一边看远处有谁进来。

各类工作会议

无论你要参加的是与工作直接相关的活动还是涉及范围更广的行业活动或技能培训，请记住：你不需要一直笑脸迎人，也不需要认识在场的所有人。不用把自己变成一个机器人。相反，你要在熙熙攘攘的人群中想好自己的几个目标，然后战略性地行动，实现目标：获得新的信息，聚焦于少数几个你关注的人或公司，然后回家。

比如，你要去参加一个为期数天的会议或贸易展。先研究一下日程安排，选择参加你真正感兴趣的那部分活动。如果可能的话，活动的时间会正好安排在你感觉最舒适、最不恐惧人群的那个时间段。我是一个"晨型人"，工作时间一般会安排在活力满满的上午，因为我知道之后自己的精神状态就不够饱满了。我经常会早些到达，喝杯咖啡，留出富余的时间四处走走，有时候这段时间会是活动开始前的一个小时。我认识一些人喜欢在午休时前来，专门听中午的演讲，他们会扫视人群，想好自己要坐到哪一桌。或者也可以只在晚间时段前来，待上 30 分钟，参加活动最后的招待餐会。不管你选择哪种方式，请至少留出一个小时的时间来熟悉环境——这样你能判断局势，或者和一两个人简短交流一下。

说起会议日程，你还可以做的一件事是在等待主题演讲开始时，或参加分组会议时进行轻松的交际。大多数处于会议模式的人都做好了进行简短聊天的准备，你可以在聊天结束时说："我还想和您保持联系，可以拿一张您的名片吗？"如果没有名片，你可以请求和对方在社交媒体上进一步联系。记得，不要只盯着自己的手机，要和对方有眼神接触，表现出你愿意和他们交谈的样子。

2017年我读到了一篇文章，标题让我印象深刻，叫《我这个焦虑的内向者是如何参加大型活动的》(How This Anxious Introvert Handles Large Events)。文章作者是风险投资人亨特·沃克（Hunter Walk）。他教了大家几个方法，让身处人群之中，特别是要在人群中待半天这件事变得可以忍受。他建议内向者可以暂时离开会场去"充充电"——绕着街区走一圈，独自喝点东西，在返回之前恢复一些精力，或者和另一个人一起离开一会儿。他写道："我非常喜欢和某个人单独散散步，甚至是一起离开会场到其他地方去。我发现这个方法特别适合用在晚间活动中，我会找到我想与之共度时光的人，而不是陷在喧闹的酒局中。我会和那个人坐下来聊二三十分钟，然后再回到疯狂的活动中去。"

内向者这样社交更有效　TAKING THE WORK OUT OF NETWORKING

在活动上主动发起对话

在会议上进行闲聊的压力通常较小。在会议上，闲聊不仅是可以被接受的，甚至可以帮我们很好地打发时间，无论你是在咖啡馆排队还是在等待广播通知，这招

第 9 章　内向者如何应对线下社交

都很有用。

在活动间歇，我会有意放慢自己的节奏，让自己呈现出开放的状态，手机放在旁边，而不是举在面前。排队进场或取餐点的时候适合和别人打招呼，如果他们的胸章上有清晰可读的文字，就可以辨认出人们所属的组织，然后我会和他们简单聊两句。建立起联系后，如果剩下的时间不多了，比较方便的做法是拿一张名片带走。在本章后面，我还会就名片多做一些讲解。与人闲聊时可以参考如下的开场白。

- "您在这家公司工作多久了？"是一个很得体的问题，最好后面再跟上一句恭维的话，比如"真厉害 / 真了不起"。
- "您是怎么知道这个活动的？"或"您觉得今天的会议怎么样？"虽然老套但是好用，尤其是当你无法确切了解对方身份的时候。问题最好是开放性的，不要非让对方给你一个肯定或否定的答案，比如"您喜欢今天的会议吗？"
- **随时准备好进行"电梯演讲"**[1]。但如果你没有准备好发表关于你当下或未来职场生活的简短介绍，让对方先谈也可以。

---

[1] 指一种能在短时间内迅速打动投资人、产品用户、雇主等人的营销方式。——编者注

小型非正式见面

这类见面的形式多样，比如，你刚刚结束了一期继续教育课程，可能会希望和同学保持联系；一个致力于员工多样性的组织可能想联系来自不同公司的员工；一个工作团队可能想了解公司外部的相关项目等。如果这是你真的想做的事情，那它就不会让你觉得为难。但如果你迟疑了，这可能就是一个信号，暗示着你认为自己不能从活动中有所收获，也或许做这件事的时机还不成熟。没关系，这无伤大雅。

继续教育

你可以选择参加很多有助于长期发展的活动，通过这种方式了解自己未来想进入的领域或感兴趣的公司。比如可以参加作者讲座，了解当下热门行业的大致发展情况，拓宽知识面。我认识的一位职业发展教练建议人们每季度都参加一次这类活动，特别是当你从事咨询工作的时候，这样的习惯尤为重要。参加活动可以更新认知，获得最新消息。

就像我在本书中反复写到的，对有益于自身职业发展的机会保持开放和好奇通常是件好事。但你要判断什么活动适合自己参加，可以问问自己下列问题。

- 我会喜欢那里的人吗？我是否能至少和他们相处并度过这个晚上？
- 演讲者是我特别欣赏的人吗？这场活动中是否有我真正感兴趣的话题？在硅谷，我可以在一周内听到不重复的关于"移动支付的未来"或"机器人与工作"的主题演讲，所以必须严格评判演讲者的资历，以及他们是否有真正深刻的见解。
- 活动地点是否吸引人？最近我参加了一场关于全球信任问题的新闻发布会，除了因为我自己对这个话题感兴趣外，还因为我很想看看举办这场活动使用的新场地如何。
- 这个活动对我的职业生涯有帮助吗？由于要和各种各样的公司合作，我非常需要了解行业内某些议题的发展沿革。比如，在争取成为人工智能公司的咨询顾问时，熟悉该领域的情况对我很有帮助。因此我会考虑从低门槛活动中获得相关新知。

简单来说，去参加吧！哪怕只是偶尔为之。呼吸呼吸新鲜空气总是有好处的。

名片依旧有价值

曾几何时，纸质名片是某个特定级别的人在上任新岗位时才会收到的，没得到名片的人还会希望能得到。但对很多人来说，名片的时代已经过去了。如今很少有人还会归档名片，留待日后参考，而在过去，这是每个行政助理都必须完成的工作。现在，我们的手机上都存着联系方式，这是存储信息最有效的工具。但要记得更新，这是保持联系的必要条件。

虽然名片不再流行，但我还是想强调名片的几个优点。名片是一个提供便利的小纪念品，它提醒你与遇到的人保持联系，特别是那些在参加专业活动时认识的人。这种场合的交流时间是有限的，在短暂的相遇中，你可能找不到和对方继续联络的足够理由，因此交换一张带有手写标注的卡片会非常有用。如果对方没有名片，那就留下他们的邮箱地址，方便继续联系。不要指望对方会主动联系你。

内向者这样社交更有效　TAKING THE WORK OUT OF NETWORKING

在活动结束后保持联系

不管你是通过收集纸质名片、收集联系方式还是把信息写在纸条上，只要在新认识一个人后及时跟进就好。在见面的几天内，你要向对方传递如下信息。

- 谢谢他们和你见面。
- 提醒他们见面的原因是什么。
- 发送相关信息，例如文章链接、简历、领英简介、邀请函等。
- 请他们在时间方便时回复。不要强调让对方回复，除非你的请求真的有明确的截止日期，而且你要对对方是否同意有基本的把握。

在如今这个个性品牌和个人风格蓬勃发展的时代，如果你是一名想被人关注的创作者，或者你希望能面对面和某些人开展业务，这时就可以充分利用名片的作用；如果你是一名顾问或承包商，或者是正试图开拓新领域的创业者，一张名片可以巧妙地向他人传达你的愿望。

第 9 章 内向者如何应对线下社交

在我即将开始做独立咨询顾问时，我决定印制纸质名片，让名片成为我与他人邂逅的纪念品。如果你收集名片够久，你就相当于有了个"时间胶囊"。如果只是为了方便，我可以只说自己是一名作家和编辑，但我想表达自己能提供更多价值，毕竟我有着数十年的写作和编辑经验，这份经验也培养、提升了我的其他技能。最后，我在新名片上选定了下面这 3 个词。

- **沟通者**。这是一个总括型的概念，涵盖了我对清晰通畅的沟通的兴趣，无论沟通方法是书写、交谈还是策略构建。
- **策展人**。我自小养成了一种习惯，那就是为别人寻找、收集他们会欣赏、会使用的东西。正如我所指出的，这是有助于保持松散接触的技巧。
- **检查者**。这是对多年企业工作的致意。我知道一个组织是如何运作的，也知道人们在组织内部有怎样的行为，我还知道如何从公司的角度判断办公室环境和外部世界。

除了这只言片语，名片上还有一张可爱的像素风头像。我很幸运，这幅头像是我的朋友、著名的图标设计师苏珊·卡雷（Susan Kare）送我的礼物。名片正面的内容就是我的电子邮件地址、电话号码和我的个人网站页面链接。为了增添一些趣味，我还在名片背面写了一些激励人心的话，希望让那些会把名片翻过来看的人得到一份意料之外的惊喜。我定制了 4 批不同颜色的名片，每一批名片上有不同的语句，但都是让我感同身受的内容。

生活的艺术不在于掌控我们身上发生的事情，而是充分利用它们。

——格洛丽亚·斯泰纳姆（Gloria Steinem）

> 只有昆虫才搞专门化。
>
> ——罗伯特·海因莱因（Robert Heinlein）

> 秘诀就是心存感激，并希望激动人心的场景不会很快消失。
>
> ——戴维·卡尔（David Carr）

> 幸福不是目的，而是一种副产品。
>
> ——埃莉诺·罗斯福（Eleanor Roosevelt）

如果你是一名自由职业者或正准备从事自由职业，你可能也会考虑要不要印制自己的名片，原因大概和我一样：为了引起他人兴趣，感受传统方式带来的欢乐，给人们更多一些关注你的理由。名片不能代替其他所有努力，但是如果名片做得好，它能帮你敲开对方的门，让你被记住。如今有很多设计、制作名片的公司，如果你要印制自己的名片，请征询有专业经验的人，他们会帮你确定在一小张纸的范围内如何列出最重要的内容。我的建议是至少要有两部分：电子邮件地址或其他联系方式，以及你自己个人网站的链接页面。

离开某个会议或活动回到家里后，我会把最新收到的几张名片放进笔记本电脑旁边的名片盒里，提醒自己跟进。这些信息最后或被录入我的领英联系人中，或进入我的联系人数据库中。千万不要一次印太多名片，少量印制就很方便，而每批印出的名片都可以用很长一段时间。

关于名片还要最后提醒一句：如果你有一份全职工作，但你又想探索其他工作可能性，那就在需要的时候只发放你自己的"个性名片"，在类似会议这样的专业场合发放"正式名片"，但是在上面添加你的个人电子邮件地址或领英联系方式。有时候我收到人们的邮件，他们希望我帮他们联系新的工作，可邮件竟然是用他们的工作邮箱发的，我看到后大为震惊。在寻找新工作机会的时候一定要用个人邮箱，让你的行为远离公司的服务器！

关于工作的一个真相是：无论是日常出勤，还是为了求职，你总会被要求出现在某个地方。你可能永远不会享受这个过程，但希望这本书会让你知道你可以应对这些任务。如果我的经验可以有所启示，那就是这些任务可以用一些方式管理起来，这样也许你非但不会觉得很糟糕，甚至还会有所收获。

TAKING THE WORK OUT OF NETWORKING

内向者的社交法则

1. 和同事单独喝杯咖啡，一起走一走、聊一聊，我们很可能发现，有些同事对我们会很有帮助。
2. 对有助于自身职业发展的机会保持开放和好奇通常是件好事，但也要判断什么活动适合自己参加。
3. 我们总是被要求出席一些社交活动，我们或许永远不会享受这个过程，但要知道，认真对待这些社交任务很可能会有所收获。

TAKING THE WORK OUT OF NETWORKING

第 10 章

内向者如何闲聊

交换一些
无关紧要的"小道消息",
有助于增进
同事之间的情谊。

———————
TAKING THE WORK
OUT OF NETWORKING

第 10 章　内向者如何闲聊

> 与陌生人交谈，就是在可预期的日常生活中制造美丽又令人惊喜的波动。你变换了自己的视角，与他们建立了短暂但有意义的连接。
>
> ——基奥·斯塔克（Kio Stark）
> 作家

很多人，包括我们这些对社交持怀疑态度的人，都有合理的理由瞧不上闲聊：闲聊很乏味、很空洞，而且很多时候和我们都没什么关系。闲聊挤占了清净的空间，所谈的内容经常老套得让人不忍卒听，比如："你觉得最近冷/热吗？""交通状况真糟糕""谢天谢地，周五了！"等等。在这种闲聊中，你通常不能表现出当下的真实状态或情绪，习惯于喋喋不休的人也难免会露出不自然的一面，仿佛这里并没有什么真正的社交技巧。我在社交媒体上向大家提问："建立人际关系让你感到最讨厌的是什么？"最多的回答就是人们最烦为了社交而不得不进行无聊的对话，大家普遍反馈这种对话"尴尬""被强迫""一成不变""不真实"。

我从来都不喜欢闲聊，这来自父亲家族的影响：家里绝无一个话多的人。因此，当我发现自己搬去的是一座"闲聊之城"时，真想马上逃开。但没想到最近我的想法竟然改变了，我认为即使是并不热衷闲聊的人或内向的人也可以从聊天中得到一些什么。**如果运用得当，闲聊可以缓解紧张情绪，让我们在社交场合探索新事物。**它也能帮我们自然地出场或离场，还在短时间内释放出友好或和平的信号。其实，我们并不是唯一通过发声来建立连接的哺乳动物。普林斯顿大学主导的一项关于狐猴发声的研究（对，狐猴，就是马达加斯加的那种眼睛圆鼓鼓的动物）发现，对狐猴来说，"交谈是一种社交润滑剂，目的不一定是传递信息，而是为了让它们熟悉彼此。"这项研究得出的结论是，他们发出声音"相当于人们的闲聊"。研究者们还敏锐地观察到，"大多数时候，我们对话后就会忘记对话的内容，因为这种对话发挥的是纯粹的社交功能"。非常真实，在这方面我们和狐猴一样。

尽管我也不喜欢闲聊时那种漫不经心的状态，但短暂的交流让我有了和不同人分享感受的机会。比如，一起遛狗的人、街角商店的店员、一同搭电梯的过客、办公室里的清洁工或保安，我可以和他们聊聊糟糕的天气和交通状况、体育比赛的胜利或即将到来的假期，即便是内向的人也会渴望这种连接。如果谈话的人能用引人入胜的故事或新闻来开场，那就更棒了。

2016年，*Slate*杂志发表了一篇露丝·格雷厄姆（Ruth Graham）的文章。格雷厄姆在文章中强调了闲聊的重要地位，她把它称为一种"至关重要的社会润滑剂"，并预测，闲聊"将永远与我们同在，因为这是共享文化的坚实基础。一个民族在文化、政治、经济上的分歧越大，人们可以分享的话题就越少。对社会生产力越沉迷，享受传统乐趣的时间就越少。这说明，闲聊根本不是小事"。

好消息是大多数闲聊不会持续很长时间。最不走心的交流也会在不经意间结束。闲聊还具备一些足以让你忍受它的特点：闲聊的内容主要是我们观察到的东西，对方是在和你分享，而不是要对你刨根问底地探究。通常，闲聊基于你们都看到或可能经历的事情，比如天气、交通、体育赛事、周末和节日等。

工作中的闲聊是有信息量的

生活中大部分时间里，我们身边都是不熟悉的人，因此有必要了解一下在这种环境中闲聊是如何发挥作用的。如果你所在的办公室是开放式的，那你不可避免会听到别人说的话。这些是有信息量的聊天，可以增进你对同事的了解，而对你完成工作、进行团队协作、获知团队动态来说，了解你的同事也是非常有必要的。我曾和一个来自不同领域的人共同完成一个项目，从别人的闲聊中我听到他被描述为一个"总在散发负面气息的人"，总是斤斤计较，什么事都不能让他满意。我的应对方式是让他说完那些带有负面情绪的话，承认他这些想法的存在，同时自然地通过非反驳的方式说服他。这让他觉得有人愿意听他说，从而为我们完成任务扫清了障碍。

如果能巧妙地和不熟悉的同事闲聊，对方可能会觉得更自在。用露丝·格雷厄姆的话来说，闲聊就是一种社交润滑剂。哪怕是一小段闲聊也对人际关系的构建有巨大的助力，在那些没有与你直接共事的人身上，这种作用更为明显。

把闲聊运用在面试中

在面试中，闲聊对各方的价值都有所体现。以下是我的一些建议。

应聘者要注意的事情

参加面试时，情绪紧张是正常的。你可能如坐针毡，因为你掌握的信息有限，不知道要见到什么人，也不知道为什么是这个人来面试你；你需要在有限的时间内消化大量信息；还可能会在一天内经历多次连续面试，甚至还有更糟糕的群体面试；你要抗住一轮又一轮的压力，让大多数和你见面的人喜欢你。这个过程着实让人感到焦虑，甚至恐惧。因此，作为一名应聘者，你要尽力通过闲聊从面试官那里及面试过程中收集到更多信息，比如你可以说："非常感谢你邀请我参加面试。是否会有我们还没有提及的人来面试我？"

闲聊可以突显你对公司、岗位、团队的兴趣，你可以说："多年来我一直是贵公司的用户，我注意到了你们投放的广告，对贵公司正在进行的收购感到兴奋。"再进一步，你可以祝贺公司新取得的成绩，提及最新的产品发布消息、公司参与的慈善项目和社会事务及媒体的相关报道，展现你对公司业务的了解。当然，你一定会在面试中详细谈论更多细节，这些看似与面试并不直接相关的闲聊却能证明你的热情，证明公司的业务如何与你的兴趣和价值观高度一致。

不过，作为候选人，你还是要保持理智，不要过度分享自己的私人事务。你对运动或动物的热情简单提一句就可以了，面试中更多要强调的还是你的专业能力。

面试官要注意的事情

在大型公司的招聘过程中，通常由各职位的人组成招聘小组，这个小组中的人未来可能会与正在招聘的这个岗位的人产生业务交集。每个面试官都会按照公司的设定给出反馈和分数，每个分数都会影响面试的最终结果。过去数十年中，这种流程我经历了无数次，面试了各种岗位的应聘者。我人虽然内向，但具备同理心，会关心别人，我工作的一部分职责是作为公司的代表让这些来访者感到放松一些。在去会议室的路上，我永远健谈：我们公司的位置好找吗？你从很远的地方过来吗？这周过得怎么样？我也可能会对办公室环境做些解释，比如，为什么现在有点嘈杂／安静，为什么有点凌乱／这么整洁。我还会指给来访者看墙上挂的有趣的东西，给他们拿些喝的，向他们展示窗外的风景。

闲聊除了能让人们放松下来，还能让我从这种快速而且通常会被人遗忘的交流中了解应聘者如下方面的情况。

- 他们的回答是否流露出某种个人见解？
- 他们情绪兴奋激动还是过度紧张？是否频频道歉或话语尖刻，自以为是？
- 他们看上去是好奇且专注，还是漫不经心、心浮气躁？

从这些信息开始，我就在评估他们的能力了——是灵活聪明还是个性疏离，你懂我的意思。从一个人的行为细节中可以大致看出他是否能融入团队，是否能适应工作环境。通过这种方式，你会从简短的碰面中获得足够多的信息来了解对方的素质，而这些信息是不可能通过问卷题目对候选人逐一检查获得的。

闲聊提供了一个展现好奇心和工作热情的机会，还能看出一个人是否具备批判性思维和创新精神，是否阅历丰富，而这些是我认为大多数招聘人员都希望能看到的。

最后，面试官最好能在不对面试结果做任何评价或承诺的前提下结束对话，我有几个安全选项："马上就是周末了，真开心。""希望路上不会太堵。""很高兴我们能这样共度这一个小时。"我还可能会夸赞他们的时尚品位，这是为了让身上有刺青、穿一双粉色羊毛靴或染着一头蓝发的应聘者知道：我们公司欢迎有个性的人士。

内向者这样社交更有效　　TAKING THE WORK OUT OF NETWORKING

面试中闲聊应注意的细节

面试官必须小心处理与候选人的关系，既要让每个人都感到舒适，但也要遵守一些社交上的"禁忌"，了解有哪些问题是不可以触碰的。以下是一些基本原则。

- 赞美要真诚且适度。
- 避免太过热情的赞扬，永远不要关注与性别相关的细节。例如，男性面试官不应该夸奖女性应聘者的长相或衣着，反之亦然。
- 谈论应聘者的状态和应聘结果时语气要中立。
- 态度要正面积极，可以说"我喜欢我们的对话"，但不要承诺任何事情，比如"我们会再联系"。

我还要补充一点，作为一名年长的女性，也是一个天生包容的人，我在表达欣赏和赞美时可能比其他许多人更安全一些。如果你不符合这种情况，或者没有年龄作"掩护"，那就要格外注意。在试图赞美应聘者之前，确保你已了解自己的角色、年龄、性别和在公司的地位会对应聘者产生的影响。

第 10 章　内向者如何闲聊

团队中的闲聊

工作中，还有另一种需要进行闲聊的情况，那就是在日常工作之外的场合，如团队在外参会，或是即兴的生日会等情况。这些聚会有时让人觉得很尴尬，但也不适合摆出公事公办的态度，更不适合冷淡应付。适度分享个人信息在这一刻会成为一种社交润滑剂，比如，你分享对即将到来的假期所做的计划、宝宝的趣事、最新的宠物视频、你妈妈来看你的消息等。分享个人情况可以拉近彼此的距离，未来在团队中协作和交流也就会更顺利。当人们彼此喜欢并且交换过一些无关紧要的个人信息后，他们的工作往往会更容易推进，同事之间会产生更强的情谊。

多年来，我经常要和比我年轻 20 多岁的人共事。闲聊是我与他们之间的一座桥梁，帮我跨越可能存在的巨大代沟。我很乐意经常和他们随便聊聊，询问他们的周末计划及最近感兴趣的东西。通过这种方式，我了解了他们的风格，也知道了如何与他们更好地合作。从他们的角度来看，我想他们应该也很欣赏我的做法，特别是我绝对不会和他们较劲。和他们比到底谁更有活力，我当然会输。他们眼中的我是一个老一辈的"反常友好生物"，但是似乎还跟得上他们的步伐。也是出于这个原因，我会避免过多的自我暴露，不会总是怀旧，念叨过去的音乐、演唱会、教育成本是什么样的。顺便说一句，这种策略最棒的一点不仅对年长员工有帮助，对内向者也同样适用。

社交场合的闲聊，知晓行业新鲜事

当我被邀请参加略带专业性质但又非工作必需的活动时，比如读书会、晚间演讲、公司发布会等，闲聊也会给我一些助益。我的习惯是提前了解有谁会出席，确认那里至少有一两个我认识的人，这可以有效缓解内心的焦虑，克制不想参加的冲动。另外，我很喜欢观察活动上出现的群体行为。到达会场后，首先我会观察一下场地情况，看看饮料和食物放在哪里，计划一下自己坐哪个座位，我一般都选择坐在过道边或靠近门的地方。然后我会快速绕一圈，看看会场的设施和这里的人。如果有我认识的人，我会找机会和对方聊一聊，话题通常会围绕着"有什么新鲜事"展开，具体内容根据活动的背景而定，可能是技术分享、媒体展示或行业概述。

这和巡场问好不一样，在这里我并没有什么要完成的任务。之后我会找一个安静的角落坐下，如果场上还有一两个好友，我可能会在活动开始前和他们深入但简短地聊几句。我会聆听活动的主要内容，还会做笔记。最后，我会留一些时间享受活动中有趣的部分，然后走向会场的出口。结束了！

线上闲聊，轻松破冰

最后，还有一种新的聊天方式：在线聊天。我把它大致定义为通过电子邮件、线上聊天工具、社交媒体进行的闲聊。在前文中我对这些内容进行了详细讨论，所以在这里我只想再提一句，线上聊天能让我们更容易地接触到陌生人、与弱连接人保持联系、保持对朋友动态的关注。比如，你看到某个人发了一个关于某话题的帖子，那么你在之后和这个人谈正事之前就有了一个友好的破冰话题。无论是通过阅读、观看还是聆听，我想对方都能看到你为表达对他和他的兴趣所做的努力。而在和你认识和喜欢的人聊天时，你只要发去一句"最近怎么样"就好，然后继续说起你们都感兴趣的消息。

总而言之，闲聊有时是必须的，有时是可以有所选择的，有时它还是向他人发出友好信号的最佳方式。我希望这章能鼓励你勇敢尝试，让你不再那么容易紧张。如果一切顺利，你会发现：**为人处世并不需要我们切换一个人格，短暂的社会交流是有意义的，甚至还能带来一些幸福愉快的瞬间。**

内向者的社交法则

1. 如果运用得当，闲聊可以缓和紧张情绪，让我们能在社交中探索新事物，能在短时间内释放出友好或和平的信号。
2. 在闲聊中赞美应聘者之前，要确保已经了解自己的角色、年龄、性别和在公司的地位会对对方产生的影响。
3. 为人处世并不需要我们切换另一个人格，短暂的社会交流是有意义的，甚至还能带来一些幸福愉快的瞬间。

TAKING THE WORK OUT OF NETWORKING

第 11 章

内向者如何求职

以开放灵活的心态
培养真挚的感情，
引领自己
发现独一无二的新机会。

———
TAKING THE WORK
OUT OF NETWORKING

第 11 章 内向者如何求职

> 如果我们总在等待绝对的一切就绪，那我们将永远无法开始。
>
> ——屠格涅夫
> 俄国现实主义小说家、诗人

找工作的压力是无法回避的，这是件非常现实的事。之所以维护人际关系如此重要，就是因为人们需要持续关注新的工作机会。盖洛普公司（Gallup）于 2017 年对美国的职场环境做了一项调查，发现美国有 51% 的在职人员在积极寻找新工作，或至少在关注空缺岗位。这意味着几乎总是存在竞争，所以最明智的做法就是保持与人际关系网中联系人的来往和相关信息的更新。在本章中，我们将探讨如何在寻找下一份工作时动用人际关系的力量，以及如何让这个过程在最大程度上适应你的需要。

职位空缺的真相

在线求职网站各种各样，有按关键字、职位和地点提供搜索结果的综合类网站，也有按领域按行业进行检索的专业类网站。定期浏览你常用的社交媒体，看看有什么吸引你的新机会，这是个好习惯，你也可以通过常用的搜索引擎找到更多信息。要努力挖掘所有可利用的网站，寻找你喜欢的公司和职位，但不要就此止步。当看到一份吸引你的工作时，你需要立即做两件事。

1. 上网搜索这家公司的信息。
2. 找找有没有你认识的人与这家公司有关系。

做第一件事是因为公司的方方面面都需要了解：盈利模式、组织架构详情、竞争对手、提供的产品和服务，了解这家企业的愿景、价值观、企业声誉及企业文化也是有必要的。你会希望这家公司的所有方面都符合自己的预期，如果不符合，至少你也能搞清楚进入该公司需要牺牲的条件。你要用做新闻调查一般的精神分析这些公司，要搞清楚公司的人、事、地点、时间和运作方式，不要被职位描述所限制。

第二件事同样重要，这也是人际关系真正发挥作用的地方。你会希望找到与你关注的这家公司有关系的人。某求职网站的数据显示，求职中，有推荐人时的成功率比简单发送简历高5倍。如今雇主们提供内部推荐奖励是很常见的做法，这样的激励措施减少了雇主在求职广告投放上的支出，也能给帮熟人找到工作的在职员工增加一些收入。对于求职者本人来说，除了能得到推荐，还能通过和在这家公司工作过或与其有过业务往来的人的沟通，深化对目标公司的了解。我收到过很多人的请求，他们想通过我了解一家公司，我也一直都很乐意提供相关帮助，无论我是否热爱这家公司。一般我会先了解求职者当前处在职业生涯中的哪个阶段，比如，在一家不太知名的公司有两三年的相关任职经历有时可能会是个加分项。

如果我对求职者感兴趣的部门或团队了解不多，但是又碰巧认识一位能提供帮助的朋友，我就会把这位朋友介绍给求职者，让求职者获得更加明晰的指导。一般流程是这样的：我会简要总结求职者的兴趣，附上他们的领英资料或个人网站信息，并特别说明求职者的专业背景，好让我的朋友能快速明确地提供帮助的方向，比如，我会说："乔在甲公司从事商务拓展工作的背景似乎非常适合你的公司。"或者："艾伦有着10年和亚洲公司进行合作的经验，可能会对你们公司亚洲地区业务拓展有帮助。"最后，我会问一句："可以把你介绍给他吗？""是否能把我或他推荐给其他了解行业情况的人？"

信息就是力量，虽然这话是老生常谈，但它的确有道理。所以，快去收集你自己的信息吧。

招聘信息之外的信息

你找到了感兴趣的公司，但这家公司或许暂时没有能和你的技能相匹配的岗位，原因有很多，有空缺但招聘暂停了；公司规模小，无法支付招聘费用，在这种情况下注意查看公司网站；表现不佳的人被请走后才会有职位空出来；公司内部的架构调整或关于岗位的讨论可能会持续数月，因此新岗位暂不能放出来，等等。

如果你并不急着要得到一份工作，遇到这样的情况时先不要失望。当你心仪的公司暂时没有适合你的岗位的时候，就要开始发挥人际关系的重要作用了。举个例子，我有一个记者朋友埃莉诺，她是多家杂志和报纸的撰稿人，非常成功。如今40多岁的她想把自己的故事写作能力运用到数字平台上，她也知道，在科技公司里这样的职位并不多，所以她想先从建立与这些平台的关系做起。这一步棋她走得很高明。开放式对话帮助埃莉诺思考自己到底想做什么，以及如何定位自己。她为她感兴趣的公司设置了消息提醒，并继续请别人帮她介绍机会，持续了解还有什么可能适合她的公司。

等到她关注的公司出现职位空缺时，她已做好万全准备，可以直接通过认识的人提交申请。

有时，公司会因为某个项目需要招聘专门的业务人员或短期员工。这对双方来说都是一个很好的了解方式，而且短期工作可能会发展为全职工作。我做过很多次短期工作，自己也经常需要聘用短期员工。招聘一般是这样开始的：我们要完成新产品发布 / 策划活动方案 / 赶在截止日期前完成，所以急需额外的人手，团队中有谁认识可以加入项目的作者 / 摄影师 / 项目经理 / 视频制作人 /IT 专业人员？在这种情况下的确需要有内部关系，因为通常这些临时岗位并不会公开发布，都是同事或熟人间互相介绍。

这种情况可能不适合需要缴纳社会保险或其他社会福利的求职者，但对于有余力的人来说是一种值得尝试的方式。再来举个例子，乔治娅是我的一位精力特别旺盛的朋友，她是一位经验丰富的活动策划。大约两年前，她做着一份还不错的全职工作，但同时想有所改变，她的目标是加入一家非常知名的跨国公司。通过朋友的关系，她认识了那家公司的人，和他们见过几次面。那几位联系人都很欣赏乔治娅，但那时公司没有适合她的岗位，也没有相应的人力预算。于是乔治娅继续做着原来的工作，并与她的联系人保持密切互动。几个月后，目标公司的人告诉她，他们希望她以短期员工的身份参与一次全球规模的大型活动的策划，这个活动大概要几个月的时间，如果一切顺利，他们可以在一年内帮她转正。由于乔治娅与已经和这个团队建立起了不错的关系，也足够信任他们，因此她迈出了这一步。幸运的是，她和公司一起实现了这个最好的结果，如今她已成为她向往的公司的全职员工。

如果你想成为自由职业者

就像在前文中说到的，有越来越多希望保持独立的人在考虑成为自由职业者，他们可以独立地以项目为单位与不同客户展开合作。2016 年，我离开 Twitter 之后就选择了这条路。根据我多年的编辑工作的经验，这是一个成为咨询顾问的好时机。一旦开始独立，就要依靠自己培养的人际关系网。我当时特意在社交媒体上发文宣布了自己的新动向，结果在这之后我开了两个月的会，和不同的人见面、喝咖啡、共进晚餐，其中有些是陌生人，有些是我略知一二的人，还有不少好友，这些都是愿意雇用我的人。认识这么多人让我获得了很多项目机会，并一直支持我走到现在。

除了与工作直接相关的会面外，我还会特别注意答应参加那些没有特别目的的邀约，这让我的人脉关系更加丰富。"没有特别的目的"也是这本书创作的关键，每一次见面、每一次对话都会引出新的进展。

- 2015 年 8 月：史蒂文·利维（Steven Levy）刊载了我撰写的关于人际关系网的文章。
- 2017 年 1 月：蒂姆·列伯莱希特（Tim Leberecht）把我介绍给了他的图书编辑。
- 2017 年 2 月：霍莉斯·亨布奇（Hollis Heimbouch）建议我和一位图书代理见面聊聊。
- 2017 年 2 月：雷朱·纳里塞蒂（Raju Narisetti）把我介绍给他的一位做图书代理的朋友。
- 2017 年 11 月：林恩·约翰斯顿（Lynn Johnston）把我的作品版权卖给了试金石出版公司（Touchstone）。

我在这里标注日期是为了说明，时间是人际关系构建的重要因素。并不是所有事情都会一下子发生，也不是所有事情都会以清晰有序的方式发展。新机会的产生就是这样的。我在构思本书的过程中求助了不少人，通过别人认识了独立编辑卡罗琳·平卡斯（Caroline Pincus），她在某家出版社工作多年，之后重新成为一名独立咨询顾问，离职后她立即联系了许多出版界同仁，包括多年来与她一起工作的同事，她告诉我："大家都拥有成功的出版事业，现在开始也会定期把客户推荐给我。"当然，她也联系了许多曾与她合作的作者，这些人也出力帮她做了推荐。

正如我反复强调的，保持好松散联系至关重要。当没有理想工作机会的时候，当你想与公司内部的人建立关系的时候，当职位和人选不是完全符合的时候，不要忘记这一点。我要补充一下，卡罗琳和我都是有多年工作经历的人，但你可以在更早的时候开始规划，投入时间建立长期的关系。**以开放灵活的心态培养真挚的个人联系，以此帮助自己发现新的机会，而这类机会是不会被其他人复制的，只有你能发现。**

提升声誉才能得到长远发展

还有一种情况比寻找新工作需要用更长的时间来积累，那就是建立新的连接、提升自己在业内的知名度，并通过自己的声誉在未来获得更加深远的发展。这就是阿比·克恩斯（Abby Kearns）的故事。克恩斯拥有超过15年的企业软件开发和运营经历，承担技术团队管理和复杂项目的交付工作，负责产品开发和业务策略执行。在一个女性长期被忽视甚至不受欢迎的行业中，阿比的影响力惊人。最近有位我和阿比共同的朋友找到我，希望我能帮阿比进一步提升她在业内的关注度。

如今，各个行业对阿比这样专业人士的关注度都比过去更高，因为现在的高管、会议策划人和公司董事会都意识到了多元化和包容性的重要性。根据麦肯锡公司的最新研究，如果一家公司能主动在所有级别的员工中扩大性别、种族及年龄的差异化，那这家公司的财务表现会比没有做到的公司更好。除此之外，也有越来越多的公司发现，如果他们在这方面有欠缺或忽视，公司形象也会受到冲击。

阿比给我的印象很深，她能力出众，但也承认自己有点内向。在幕后蛰伏许久后，她终于觉得自己准备好成为更知名的人物了，让猎头和会议组织者注意到自己，有助于带来在行业内提升的机会。阿比最近对我说："我在想，为什么不和人们相约去喝杯咖啡呢？虽然不知道具体要聊什么，但我发现每一次这样的见面最后都聊得还不错。"由于阿比的规划具有开放性，她无论和什么样的人联系都可能带来新的机会。

你也可以把自己的心态做类似的调整：**你认识的人越多，他们越了解你的技能，在机会面前你就越有可能被优先考虑。**我知道这不容易，需要准备好各种条件，但之所以不容易是因为这不是一般的求职过程，要下长期的工夫，而每一次相遇都会带来一些收获。下面这些方法可以帮你进行长期努力。

- 把简历的职业概要部分写得详细一些。这是显示在页面顶部的内容，它需要能全面体现你的能力、兴趣及目标，也要与按时间排列的简历内容有明显区分。

- 撰写并发表关于专业议题的文章。阐明你对目前工作的心得、让你热血沸腾的事业、你对相关领域的观察或其他类似的内容，写出来并和大家分享，在不少平台都会有和你同赛道的人阅读并转发这些内容。
- 让其他人知道你的意向岗位。许多岗位很少会对外发布，因此获得该领域内的内部信息很重要。
- 在与你的职业有关的慈善组织做志愿者。比如，如果你在软件行业工作，你可以积极加入帮助年轻女性提高相关技能的组织，这样的经历能非常有效地提升你的职场形象；如果你在一家支持在职培训的公司实习，那最好可以积极参与公司的核心业务。

内向者这样社交更有效 TAKING THE WORK OUT OF NETWORKING

不仅要参会，更要在会上发言

想想你可以在会议上讲些什么，这是一个开始获得关注并创造属于自己的平台的好方法。以下是一些帮你实现在会上发言的目标的可行性建议。

- 探索一下有哪些研讨会能让你得到施展机会。针对女性或少数群体的职业建议格外受欢迎，许多会议组织者都需要多样化的演讲者阵容以及听众来源。
- 主动在小型活动中担任活动召集工作或主持分组会议，展示你的领导能力和协作能力。小型会议和研讨会往往比大型展会更轻松，不容易令人生畏。参加这样的小型会议往往能更快地建立你的个人口碑。

- 给自己定一个更高的目标，努力成为主题演讲者。目前大多数主题演讲都控制在 20～30 分钟内，与过去动辄就要持续一个小时的演讲大有不同。主题演讲的经历可以有力地提升你的影响力，对职业发展有不容小觑的作用。

尽管我在这本书中一直强调人与人之间关系的重要性，但是也有不少应用软件在职场人脉构建的方方面面都能有所帮助，如果不补充这部分内容，本书就不够完整了。这些应用我大部分还没有用过，而且说老实话我可能永远也不会用，但我不想直接就说放弃——毕竟它们可能真的能贡献几分力量。

对内向者来说，联络增强类工具可能最有帮助。这些工具让你实时掌握最新的联系人信息，信息会直接出现在手机上，或以邮件附加插件的形式进行追踪；另一些应用是针对特殊兴趣来设计的，旨在把你和背景相似、志趣相投的人联系起来。

在阅读本章的过程中，你可能偶尔觉得困惑，不知道这到底是一本讲人际关系的书还是讲求职的书。我的答案是，前者是为后者服务的，这也是我在本章中多次谈到求职的原因。在职业生涯中迈出新的一步可能带来压力，但如果你一直在有意识地做着人际关系方面的准备，就更有可能找到属于自己的路。

记住，无论是偶然的过客，还是你关注的网友，你认识的每一个人都能构建起你的人际关系网，也都有可能带来通向新工作机会的道路。我们在书中讨论的多种机制——弱连接、松散接触、在线工具等——都能在这个过程中协同发挥作用。**在看到可能性时，要动用你的全部力量追踪下去、跟进下去，这样，属于你的机遇终将出现。**

第 11 章　内向者如何求职

TAKING THE WORK
OUT OF NETWORKING

内向者的社交法则

1. 人们几乎一直需要去竞争，所以最明智的做法就是永不下擂台，积极热身，掌握最新鲜的行业信息。
2. 在更早的时候开始规划，投入时间，以开放灵活的心态培养真挚的关系，帮助自己发现新的机会，而这类机会是不会被其他人复制的，只有你能发现。
3. 认识的人越多，他们越了解我们的技能，在机会面前我们就越有可能被优先考虑。

TAKING THE WORK OUT OF NETWORKING

第 12 章

用有意义的连接,
铺开一张能接住自己的安全网

改变随时都会发生,
要对新的可能
保持开放心态!

———

TAKING THE WORK
OUT OF NETWORKING

第12章　用有意义的连接，铺开一张能接住自己的安全网

> 自我的解放无法通过外部力量达成。
> ——格洛丽亚·斯泰纳姆

当你计划要重新掌控自己的人际关系网时，我理解你会因各种原因而犹豫或抗拒与自己不太熟悉的人建立连接，尤其是在你对自己的简历不自信，或者在众多新鲜事物面前茫然无措时。如果你觉得自己很差劲，和优秀的前辈相差太远，你就会认为自己不值得被别人关注。其实，无论我们的下一步是晋升、搬家还是转换行业，当人生转折点来临时，大部分人都会有这样的感觉。

在这一章中，我将讨论这些恐惧。如果你就是一个容易自我怀疑的人，希望这一章能给你鼓舞。我在年轻时也很胆怯，总觉得自己的经验和能力都有欠缺。我不敢想自己能走多远，只给自己设立很低的目标，那是一种"别管我，就让我在角落里待着"的心态。在默默无言的很多年后，我去做了咨询，才逐渐觉得自己生出了根基，才明白自己本来就很不错，才终于相信自己能和任何人平等对话。我想告诉你，我能做到的你也能做到。**在你需要帮助的时候，找到可以信赖的人，与他们建立有意义的关系，同时也帮助他人，用这样的方式铺开一张能把自己接住的安全网。**

在前进的道路上你肯定会遇到阻碍，难免会觉得心灰意冷。如果

你的年龄在 50 岁以上，那你很可能会遇到年龄歧视。有 40 多岁的朋友告诉我，他们已感受到了职场中的瑟瑟寒风。作为女性，我们在找工作的时候容易给自己设限太多。但话说回来，无论是什么年龄段、什么性别，当需要搬家到新的城市、学习新技能，或是尝试换一个跑道时，都会遇到一些挫折。任何目标都可能让我们感到缺乏力量，而这种脆弱感反过来又会导致我们缩小自己的需求，降低自己的期待。有些处于这样的情况中的人来找我，因为他们遇到了阻碍，想找我帮忙，看能不能联系上什么人。这时我经常会听到迟疑的声音。

"我不想给别人添麻烦。"
"我现在还没准备好和人见面，我要先做好万全准备。"
"我还需要一些时间，我的简历/作品集还没做好。"

暂缓见面或暂缓完成某件事当然有其合理的理由，不过我认为本质上这都是拖延。我建议你们去见的人可能有相关领域的工作经验，可能有类似的求职经历，或者对你想要了解的公司、行业很熟悉。但是，你要见的人并不是招聘人员，你不需要为他们专门准备简历。对于读者中可能存在的拖延症人群，我有两点要提醒。

1. 只是喝杯咖啡而已，在咖啡馆待一个小时，互相认识，这是最没有负担的情况了。你可能会获得一些信息，认清某个岗位或某家公司的内情，从而避开一些陷阱。
2. 你肯定愿意帮另一个人发展他的事业，难道你不值得获得同样的帮助吗？正如格洛丽亚·斯泰纳姆所说："要四处寻找自己的战友，不要被职级概念束缚。"

现在让我们具体看看每个人可能面临的一些阻碍。

第 12 章　用有意义的连接，铺开一张能接住自己的安全网

说给所有女性同胞听

从没有哪个找我帮忙的男性突然改变主意，说他"不想添麻烦"。然而，无论是我的朋友、熟人，还是陌生人，女性总会说自己还没准备好，无法正式见面接受指导，即使她们真的很需要帮助。姑娘们，注意！你们一定听说过所谓的自信陷阱，即女性往往希望自己做足各方面的准备，会因担心自己不够好而无法迈出下一步，而男性则不会为接受面试或美化自己感到不安，他们周身流露出自信，并因此获得正面反馈。《大西洋月刊》(*The Atlantic*) 2014 年的一篇报道援引了惠普公司的一项研究。研究发现，惠普的女性员工"只有在认为自己100% 满足了某个高阶职位的要求时，才会申请晋升。而男性在认为自己符合 60% 的条件时就会申请"。听起来很熟悉，对吗？因为女性在社交和建立连接方面普遍有类似的情况，这一点都不稀奇。让我们看看艾琳的例子，艾琳是我认识多年的一位女性朋友，负责主流消费品牌的市场调研和测试，工作成绩亮眼。我在她没那么忙的时段和她见了面，她想讨论职业发展的新思路。我向她提了建议，告诉她应该见什么人、可以见什么人，这些她都同意，但她又说主动联系对方让她"感到有点不好意思，好像在乞讨一样，因为事业上自己没什么拿得出手的"。她承认这样想挺"傻"，但也真的纠结，她说："我心里知道我应该多这样做。"艾琳的犹豫代表了许多女性都有的心理活动，她们希望做出尝试，又不知该向谁求助。

在进一步回溯自信陷阱现象的过程中，我发现女性容易信心不足，迟疑犹豫，从而无法为自己谋利益，无法争取新的职位、探索新的领域。她们思虑过多，被细枝末节的问题击败。我认识很多女性都是这样，哪怕只是参加非正式见面，她们也从来没有"准备好"过。她们的想法根深蒂固，就连我自己也一直在和这种心态拉扯。我要说

给所有的艾琳们和凯伦们听：认识新人、随意聊一聊并不等于参加面试，你只是和可能帮上忙的人对话而已。的确，可能还会撞南墙，但那也是一种体验，你只要马不停蹄再去见下一个人就好。不要把期望定得太高，否则就会表现得不自然。就算45分钟后你判断和你见面的人及你期待的这个岗位、这家公司其实并不怎么样，那也是有所收获的，因为以后就不用为此浪费时间了！重要的话再说一遍：首先，你值得别人努力帮你；其次，不要因被拒绝就停下脚步，要继续前进。不经一事不长一智，就从现在开始。

如果你刚起步

我之前写的大部分内容针对有工作经验的人群，这些人本来就已经积累了一定的人脉，但如果你刚起步该怎么办呢？我每次遇到大学毕业生、实习生或其他正在寻找自己第一份工作的人时，我都会鼓励他们在进入职场前先习惯与别人以非正式的方式接触。没有比当下更适合启程的时候。即使还未进入职场，你也有自己的人脉，他们是你的同学、对你很友好的同学的家长、你的专业课老师、你的导师、暑期工作时的领导、志愿者活动和实习工作中结识的人。

除了与你认识的人保持联系，你还要养成习惯，请那些看起来很有趣、很有才华的人一起喝杯咖啡，听他们讲讲自己的故事，然后再把你的故事告诉他们，过程中要注意保持对他们的关注。用不了多久，你就会拥有一张宽大的人际关系网，甚至还能帮到别人。人力资源记者托尼·李（Tony Lee）提醒应届毕业生："有效的人际关系对双方都有好处。人们喜欢讲自己的故事，比如，他们大学毕业后是怎么找到工作的，他们所在部门的业务是如何开展的。他们帮你找一份工作，既是在帮你，也是在帮雇用你的公司，他们也会希望有朝一日这份帮助会得到回报，这是一种多赢的局面。"

如果你受年龄困扰

让我花点时间和读者中 50 岁以上的朋友说几句话，你们可能迫切地觉得自己需要精进技能才能继续留在职场中。2018 年，求职服务机构 Career Builder 的一项研究报告显示，年满 60 岁的在职人员中，有 53% 推迟了自己的退休时间，有 40% 的人不确定自己什么时候退休。现在有种说法，"60 岁就是新的 40 岁"，这对已经迈入 60 岁甚至 70 岁门槛的婴儿潮一代来说是一种安慰，但现实是，在工作机遇面前，年龄越大的人优势越小。一过 50 岁，首先你的人力成本就是一个问题。你要求的薪水更高，带薪假期更多，医疗费用可能更贵。在大公司里，绩效专家会定期核算裁员的赔付方案。就算你的工作属于"越老越吃香"的那类，且你扎根已久，经验丰富，你的价值仍然会随着公司战略的调整和公司对新技术人员的需求增长而缩水。不论你是谁，此时职业生涯的确已在尾期或至少已经碰到天花板了。

除了人力成本外，还有其他因素制约着 50 岁人群的工作发展。我见过许多努力工作了二三十年，有着丰富工作经验的人，他们因为所在行业发生重大变革（如出版业、零售业等），只得重新进入新的赛道。另一个原因是家庭因素导致离职的发生，如需要照顾孩子、长辈等，这些都可能会让未来充满不确定性。当然，还有很多 50 岁以上的人希望能有更加灵活的工作时间，以便逐渐过渡到正式退休。这些"老人"不愿意再认识新人是非常容易理解的，那些更年轻的人正代表了他们所畏惧的改变。年长的人可能会想：他们为什么会帮我？

我们要谈什么？如果他们拒绝怎么办？我见过不少工作经验丰富的人会把自己的预期降低，或者长时间重复做着一份乏味的工作，等着有一天拿裁员赔偿金。所有这一切都是由于心底那份恐惧。

年龄歧视具有煤气灯效应的特征。很多事情无法言明，大多数情况下我们无法证明它存在。没有人会直接对你说："你太老了，不适合在这里工作。"但在对科技公司的集体想象中，人们都认为它们只适合30岁以下的员工。我自己虽然并没有在硅谷亲身经历过年龄歧视，但它的确存在。而这种歧视通常并不会被公然表露出来，特别是在申请工作时的初期，因此你基本上没有什么特别好的应对手段。如果一定要说的话，应对手段就是进行充分的前期调查。

- 对你感兴趣的公司，要仔细查找他们在多样性和包容性方面的行为记录。
- 在各类招聘网站上搜索，看是否有你这个年龄段的人在那里工作，和这些人建立连接以了解真实情况。
- 查找相关新闻报道，看看这家公司是否接纳50岁以上的员工，或是否排挤过他们。IBM就曾因强迫资深员工离职而受到抨击。
- 诚实地评估自己对变化的容忍度，特别是当你即将进入的公司是一个不太可能因年龄或经验就让你获得成就感的地方。

如果你有机会去新公司面试，你要在每一个环节都表现出自己最聪明、最机智、最有趣的那一面。你多年积累的知识和经验是真实存在的一笔财富，即使你不能在求职时把它们当做资本，经验本身仍然有价值。初创公司一般会关注你能为公司做什么，而不是你之前做过什么。顺着这个思路去思考，做准备的时候想想你的经验和技能可以满足公司的哪些特定需求。公司是否会增加出海业务、发展合作关系、设立更多培训项目？你的经验也许符合某一需求。我在科技公司工作的这些年里，得到的大量赞美包括我平和冷静、办事稳妥，以及在谋划和提建议方面值得信赖，都是很让人高兴的褒奖。但我发现我自己却是这么想的：我擅长这些是因为我老了！见得多了就没有什么能把我吓倒！

我51岁才加入谷歌，加入Twitter的时候已经60岁了。我在这两段经历中都学到了很多，但我要告诉各位读者，心理足够强大才能每天都积极乐观、干劲十足。这倒不是因为我经历了公开的歧视，而是因为现实和预期之间总有落差。过去，我以为凭借丰富的经验我会顺理成章地晋升，但原来我仍然需要在一个充满活力的年轻化的环境中工作，还要做好继续在工作中学习和犯错的准备。最终我从这个体系中受益匪浅，但我相信年轻人会比年长者更加从容地适应这样的环境，从容地"尽快失败"并获得更多成长。需要大量新技术人才的公司还是会把招聘重点放在大学毕业生和20多岁的年轻人身上，我不认为这种倾向会有太大转变。

我之前工作过的科技公司规模都相对较小，即使是早期的谷歌，招聘需求也是逐渐增加的。2002年的秋天我来到谷歌，当时的员工不足600人，在之后不到两年的时间里，这个数字就增加到了2 300人。2011年我离开的时候，公司里已经有5万人了。我们这些身在工作一线的人必须快速适应汹涌增长的新人数量，因为这带来了很多结构的调整、管理层的变更和流程的增加。在公司高速发展的阶段，我没有像预期中那样跟着公司快速发展，与被我视为同侪的人相比较的时候尤为明显。这让我很难过。那些人确实年轻，但他们并不是因为比我年轻才成功的，而是因为他们的工作更受公司重视。我的编辑

205

岗位是由自己主导的，也没有一个真正的高层管理者能帮我提升。我明白，编辑一职永远不会像公司的核心业务岗一样受到重视。

但是，我还是把自己的情绪放下了，最大程度地享受在名企工作的乐趣。事实证明，心态的变化很好地改善了我的生活。和活泼、聪明、年轻的同事在一起，我感到自己充满活力，公司的发展更令我震撼。但如果你已经习惯了传统行业的种种福利，那么在这类新公司的起步阶段加入可能不是个正确的决定。有些人非常看重自己在事业中长久以来获得的成绩，并期望将已有成绩延伸到新工作中。我会劝他们"不要进入科技圈"，因为他们不是一定会取得成功。从更广的意义上来说，有时候一家公司的风格就是不适合你。与其说这是年轻人与老年人的对立，倒不如说是个人和公司价值观和业务方向的对立。

了解一个新行业或快速掌握技能的有效方法是加入一家拥有多类型客户的专业咨询机构，比如，广告营销、技术支持、传播等专业机构，或者你还可以考虑加入那些不那么出名的公司，以此为跳板积累所需技能，为转型做准备。

50岁以后，人际网络的重要还体现在另外两点上。第一，工作和生活的时间越长，与各种背景的人的联系就越多。还记得我们讲过的弱连接吗？在探索新的工作机会和工作地点时，这些人脉会非常有用。把思路放宽，把你偶然遇到的人或朋友的同事都算上，增加自己的选择。

第二，想想是否可以将自己定位为一个"实习指导生"——这是一个新出现的词，用来描述那种可以像实习生一样学习新技能，同时又能指导他人的人，当然，并不是说你会实际任职于这样的岗位。在

第 12 章　用有意义的连接，铺开一张能接住自己的安全网

《智慧工作》(Wisdom @ Work: The Making of A Modern Elder) 一书中，经验丰富的酒店经营者、企业家奇普·康利（Chip Conley）讲述了他 52 岁加入爱彼迎的故事。奇普的职业生涯培养了他极高的情商，但他加入这家年轻的公司时，完全没有数商（digital quotient）的积累。正如他所说，是爱彼迎的工作经历帮他获得了数商，同时他在这里也能把情商技巧传授给年轻的同事。2015 年的电影《实习生》(The Intern) 讲述了一个类似的故事，罗伯特·德尼罗在这部电影里饰演一名丧偶的老先生本，他不疾不徐、头脑冷静，在 70 岁的时候成为一名比他年轻得多的 CEO 的助手。电影中，这家公司的飞速发展让 CEO 变得极度焦虑，随着故事的发展，男主人公在学会新的办公室技能以外，教会了自己的老板和公司团队提高工作效率、排解压力、提高人际交往的技巧。奇普和这部电影都表明"老人"可以在新环境中起到类似的作用。

如果你的人脉沉睡已久

人们在一家公司或一个团队工作多年后，会感到很舒适，他们也许不打算离开了。但事情总有意外。你可能会觉得无聊，你可能不欣赏自己的新上司，你发现你开始嫉妒那些换了工作的朋友；还有一些人因为各种原因而失业，如要照顾孩子或父母、生了重病、被婚姻拖累、遭遇法律纠纷等。我最近遇到了一位 40 多岁的女士，她专业技能很强，但由于她在过去两年的时间里都在全天照顾父母和公婆，因此她脱离职场已经有一段时间了。她目前在到处找工作，每次都不得不和别人解释空窗期的原因。我真心期盼她能得到别人的理解，获得面试邀请。在遭遇变化的冲击之后，你需要更新自己，重新发动职业引擎。

不久前，我还遇到了一位女士，是一位具备丰富经验的公关主管，我们叫她爱丽丝吧。在同一个岗位上工作10年后，爱丽丝觉得自己已经厌倦了。但她告诉我，在一个地方待了这么长时间后，她已经不指望她的人脉能起到什么作用了，现在她需要认识新人来寻找新的职位。当然，她从一开始就不应该让人脉"休眠"。读到这里你应该已经有了这样的认识，那就是在职业发展的任一阶段，你都应该注意维护人脉。如今，爱丽丝正在通过创建一个新的人际关系网来补足之前失去的东西：她定期与新朋友联系，获得新消息。她会跟进与每个人的联系，也会主动和我这样的介绍人更新自己的状态，这样我们能随时了解她的进展。我完全相信爱丽丝会找到一份更理想的工作。我也相信她再也不会让她的人脉休眠了。

如果你处于转型期

在人生的转型期，人际关系会体现出它举足轻重的一面。你可能刚刚开始工作，没有太多方向，我这个典型的文科生就有这样的经历；你也可能具备了一定的职场经验，但却面临着计划内或计划外的变化。无论你身处迷宫的何处，面对未知、眼前迷雾重重的时刻都不免会焦虑。无论是毕业还是失业，离婚或结婚，抑或是在面对出生或死亡，任何状况都要求你走出原有的圈子，认识新的人。**生活的变化要求我们养成新习惯，培养新想法。如果不这样做，未来的工作和成长就可能受到限制，导致自己无路可选。**

在这方面有一个典型例子，我的朋友斯里·斯瑞尼瓦桑（Sree Sreenivasan）曾担任纽约大都会艺术博物馆的首任首席数据官，工作相当出色。但几年前，由于博物馆出现财政危机，他被迫辞去了这份他做了 3 年的工作，这是他之前根本没料到会出现的局面。斯里曾做过记者，还是社交媒体创作者和哥伦比亚大学教授，他在网络和现实世界中都有大批活跃粉丝。当他离职的事情确定后，我本以为他会私下找一些位高权重的人，低调地锁定下一份工作。可是，斯里却公开了他的求职愿望，告诉粉丝他愿意收到来自任何地方的消息。他甚至发布了一个开放的谷歌文档，任何人都能填写岗位信息和联系方式，他还邀请人们加入他在纽约市举行的散步聊天的聚会。斯里曾在纽约市政府工作了很短一段时间，他从那时就开始重塑自己的形象。他在社交媒体上人脉广泛、表现活跃，组建了多个群组，还在各平台上积累了大量资源，同时建立了丰富的线下私人关系。凭借着这些，他成为一名数字和社交媒体顾问。如今的他，行程已被各种研讨会、演讲和咨询工作填满，业务范围覆盖各个国家。在经历了几年的疯狂探索后，他找到了最适合他的角色。对于那几年的经历，他的评价是："你需要一个非常棒的后援团队，里面都是理解你的人。而这些应该在你还用不到他们的时候就开始创建。"

即使你没有斯里那样的人际关系网，他的这段经历也提供了一些有益的经验。

- 不管你有没有做好准备，改变随时都会发生。
- 要对新的可能保持开放心态！
- 你认识的人永远比你以为的多。
- 讲出自己的故事，说清自己的需要。

在这个不断变化的时代，我能给你的最好的建议就是通过联系新老朋友逐步消除不确定性，特别要注意和弱连接保持互动，打个电话、聊聊天、一起散步或喝杯咖啡，从每个人身上都能学到一些东西。没有哪个人或哪次见面就能带给你一个完美的答案，但你经历的一切都将成为答案的一部分，那就是：从新的视角审视新的机会。

最后，当你尝试改变，修正旧习惯的时候，试试从这个角度思考问题：为了建立持久的人际关系网，你不仅要对他人慷慨，还要好好对待自己。我们大部分人都乐于助人，但在自己需要指导时却会犹豫，甚至自我否定。备受爱戴的加州大学洛杉矶分校篮球教练约翰·伍登（John Wooden）提出的7个训练守则中有一点非常适合送给那些沮丧的求职者、那些渴望追求自己事业的人，以及那些未来的变革者："要未雨绸缪。"

TAKING THE WORK
OUT OF NETWORKING

内向者的社交法则

1. 在需要帮助的时候，找到可以信赖的人，与他们建立有意义的关系，同时也帮助他人，用这样的方式铺开一张能把自己接住的安全网。

2. 警惕自信陷阱，即女性总是希望自己做足各方面的准备。切记，不要因担心自己不够好而无法迈出下一步。

3. 没有哪个人或哪次见面能带来一个完美的答案，但我们经历的一切都将成为答案的一部分，那就是：从新的视角审视新的机会。

TAKING
THE WORK
OUT OF
NETWORKING
后 记

体会人际关系的美妙之处

  我的一个信念贯穿全书始终，我希望能证明人际交往并不总是件苦差事。如果你做对了一些事，人际关系的意义就不会是炫耀自己的人脉多广这么简单。如果你能抱持开放的心态，保持对他人的关注，你一生都将体会到人际关系带来的美妙之处。我之所如此坚定地相信这一点，是因为我自己有着切身体会。40年前，在湾区定居的我感到自己一下子获得了很多自由，在这里我可以尝试任何东西，随性而行。旧金山在过去的一个多世纪中已经吸引来了无数人，仿佛只要海风一吹，新观念和新发明就会出现在这里。众多作家都讲述过类似的故事，告诉我们这个地方有多么宽容。我站在一代又一代慕名而来的人中，感受着湾区的安全和温柔。在这里人们可以改变、消失、重现、成长，在每一个转折点都会感到自己是被接纳的。改变在这里是一种美德，而失败也不是罪。斯坦福大学商学院教授奇普·希思（Chip Heath）说："失败不会给你抹黑。特别是在硅谷，在这里失败几乎是一种荣誉，它意味着你学到了一些东西。"

回忆起自己的经历，我发现有越来越多的人有了一种"为什么不试试"的精神。那些追求自我发现和重塑的人不会在湾区——或者说得更具体一点——不会在硅谷被限制。人们之间的关系强而有力，因为人们彼此联结，一同解决长期存在的重大问题。现代技术带来的越来越多的联络工具也推动了这种现象的产生，无论你今天身在何处，你都可以建立新的联系，随时产生新的想法，获得你需要的帮助。

建立新关系的秘诀在于不能停留在一般的见面介绍、电话沟通或会议上。美国知名钢琴家赫比·汉考克（Herbie Hancock）说过："爵士乐的精神就是开放精神。"建立真正有意义的关系也需要即兴发挥。当你开始思考自己到底要什么的时候，当你疑惑谁能给你帮助的时候，我希望这种开放的精神能指引你。答案就在你自己身上，你要去联系那些你听说过的人、你希望认识的人，还有那些你信任的人，然后，答案就会出现在你面前。现在，请用你自己的方式重整旗鼓，推开房门。

未来，属于终身学习者

我们正在亲历前所未有的变革——互联网改变了信息传递的方式，指数级技术快速发展并颠覆商业世界，人工智能正在侵占越来越多的人类领地。

面对这些变化，我们需要问自己：未来需要什么样的人才？

答案是，成为终身学习者。终身学习意味着永不停歇地追求全面的知识结构、强大的逻辑思考能力和敏锐的感知力。这是一种能够在不断变化中随时重建、更新认知体系的能力。阅读，无疑是帮助我们提高这种能力的最佳途径。

在充满不确定性的时代，答案并不总是简单地出现在书本之中。"读万卷书"不仅要亲自阅读、广泛阅读，也需要我们深入探索好书的内部世界，让知识不再局限于书本之中。

湛庐阅读 App: 与最聪明的人共同进化

我们现在推出全新的湛庐阅读 App，它将成为您在书本之外，践行终身学习的场所。

- 不用考虑"读什么"。这里汇集了湛庐所有纸质书、电子书、有声书和各种阅读服务。
- 可以学习"怎么读"。我们提供包括课程、精读班和讲书在内的全方位阅读解决方案。
- 谁来领读？您能最先了解到作者、译者、专家等大咖的前沿洞见，他们是高质量思想的源泉。
- 与谁共读？您将加入优秀的读者和终身学习者的行列，他们对阅读和学习具有持久的热情和源源不断的动力。

在湛庐阅读 App 首页，编辑为您精选了经典书目和优质音视频内容，每天早、中、晚更新，满足您不间断的阅读需求。

【特别专题】【主题书单】【人物特写】等原创专栏，提供专业、深度的解读和选书参考，回应社会议题，是您了解湛庐近千位重要作者思想的独家渠道。

在每本图书的详情页，您将通过深度导读栏目【专家视点】【深度访谈】和【书评】读懂、读透一本好书。

通过这个不设限的学习平台，您在任何时间、任何地点都能获得有价值的思想，并通过阅读实现终身学习。我们邀您共建一个与最聪明的人共同进化的社区，使其成为先进思想交汇的聚集地，这正是我们的使命和价值所在。

CHEERS

湛庐阅读 App 使用指南

读什么
- 纸质书
- 电子书
- 有声书

怎么读
- 课程
- 精读班
- 讲书
- 测一测
- 参考文献
- 图片资料

与谁共读
- 主题书单
- 特别专题
- 人物特写
- 日更专栏
- 编辑推荐

谁来领读
- 专家视点
- 深度访谈
- 书评
- 精彩视频

HERE COMES EVERYBODY

下载湛庐阅读 App
一站获取阅读服务

Taking the Work Out of Networking

Original English Language edition Copyright © 2018 by Karen Wickre
All Rights Reserved.

Published by arrangement with the original publisher, Touchstone, a Division of Simon & Schuster, Inc.

Simplified Chinese Translation copyright © 2024 By BEIJING CHEERS BOOKS Ltd.

本书中文简体字版经授权在中华人民共和国境内独家出版发行。未经出版者书面许可，不得以任何方式抄袭、复制或节录本书中的任何部分。

版权所有，侵权必究。

图书在版编目（CIP）数据

内向者的社交法则 /（美）凯伦·维克尔
(Karen Wickre) 著；郑悦琳译. -- 杭州：浙江教育出
版社，2024.3
ISBN 978-7-5722-7687-3

Ⅰ. ①内… Ⅱ. ①凯… ②郑… Ⅲ. ①社会交往—通
俗读物 Ⅳ. ①C912.3-49

中国国家版本馆CIP数据核字(2024)第060149号

浙江省版权局
著作权合同登记号
图字：11-2024-074号

上架指导：商业新知

版权所有，侵权必究
本书法律顾问　北京市盈科律师事务所　崔爽律师

内向者的社交法则
NEIXIANGZHE DE SHEJIAO FAZE

[美] 凯伦·维克尔（Karen Wickre） 著
郑悦琳 译

| 责任编辑：胡凯莉 |
| 美术编辑：韩　波 |
| 责任校对：陈　煜 |
| 责任印务：陈　沁 |
| 封面设计：ablackcover.com |

出版发行	浙江教育出版社（杭州市天目山路40号）
印　　刷	唐山富达印务有限公司
开　　本	710mm×965mm　1/16
印　　张	14.25	字　　数	160千字
版　　次	2024年3月第1版	印　　次	2024年3月第1次印刷
书　　号	ISBN 978-7-5722-7687-3	定　　价	89.90元

如发现印装质量问题，影响阅读，请致电 010-56676359 联系调换。